Feitiços e Encantamentos

Iverson Khamadèwa

Feitiços e Encantamentos

Produção e Capa:
Equipe Técnica Madras

Revisão:
Ana Paula Luccisano
Neuza Rosa Alves

Dados Internacionais de Catalogação na Publicação (CIP)
(Câmara Brasileira do Livro, SP, Brasil)

Khamadèwa, Iverson
Feitiços e encantamentos / Iverson Khamadèwa. --
São Paulo : Madras Editora, 2025.

ISBN 978-65-5620-099-6

1. Bruxaria 2. Encantamentos 3. Espiritualidade
4. Magia 5. Ocultismo I. Título.

25-255927 CDD-133.4

Índices para catálogo sistemático:

1. Rituais e encantamentos : Ocultismo 133.4
Eliane de Freitas Leite - Bibliotecária - CRB 8/8415

MADRAS EDITORA LTDA.
Rua Paulo Gonçalves, 88 – Santana
CEP: 02403-020 – São Paulo/SP
Tel.: (11) 2281-5555 – (11) 98128-7754
www.madras.com.br

Agradecimentos

Em primeiro lugar, a Deus pela oportunidade de existir em um mundo de energias e ser seu filho.

A meu Pai Logun Edé e minha Mãe Oyá Onira, por estarem sempre ao meu lado, me amparando e me conduzindo para minha evolução espiritual.

A Santa Sara Kali pela luz, proteção e força mágica em meus rituais.

A meu Pai Pablito, meu mentor Cigano: muito obrigado pela paciência e pelo carinho. Agradeço por todo conselho e aprendizado, e peço perdão pela teimosia e por muitas vezes não ser tão atento como deveria. Que Santa Sara abençoe o senhor sempre.

Aos meus Guardiões e Guardiãs, que me defendem, me protegem e sabem realmente o que vai em meu coração. Sei que dou trabalho e peço que Olorum e os Sagrados Orixás os abençoem sempre.

A toda a minha Espiritualidade, que me acompanha; sem vocês eu nada seria.

Aos Espíritos Ciganos, que tive contato e que me ajudam espiritualmente.

Ao meu ex-companheiro e agora um grande amigo, Alexandre Barros. Gratidão por toda a paciência, impulso, inspiração, apoio e carinho que tem me direcionado sempre. Obrigado por acreditar em mim, mesmo quando eu não acreditava.

À minha Mãe Lucia Mara, por ser mais que uma mãe e sim uma amiga que conto para todas as horas. Obrigado, mãe, pelas risadas que damos juntos.

Ao meu cachorro Chewie, que vira e mexe me faz dar altas gargalhadas.

A todos os meus amigos, pelas horas divertidas pelas quais passamos juntos.

E a você, por acreditar em meu trabalho e me permitir fazer parte da sua vida.

Obrigado por existirem e por fazerem parte da minha vida.

Amo todos vocês!

Índice

Parte 2 – Magias para Prosperidade, Emprego, Aberturas de Caminhos e Sorte

Parte 3 – Rituais de Proteção, Banimento e Anulação de Energias Negativas

Prefácio

O plano espiritual é um campo vasto e cheio de possibilidades para nos amparar e socorrer; acreditar ou não na existência dessas forças não impedirá que elas atuem em você.

Ao utilizar rituais e magias em seu cotidiano, você irá trabalhar com energias divinas, espirituais e elementais que irão auxiliá-lo em algum estágio de sua vida.

Você já reparou que sempre temos rituais que nos ligam a algo positivo, mesmo que seja uma simples superstição? De forma quase inconsciente, já fazemos rituais mágicos diariamente. Estudar magia lhe permitirá executar esses rituais de modo consciente.

Mas qual a necessidade de rituais e procedimentos mágicos em nossa experiência terrena?

Primeiro: você é um ser espiritual vivenciando uma experiência terrena e, dessa forma, esqueceu o seu poder de transformação e muitas vezes se sente preso e incapacitado.

Segundo: os rituais irão ajudá-lo a mudar seu padrão mental e direcionar sua mente para o seu desejo ou pedido. De certa forma, isso o ajudará a se concentrar e manter sua mente em um foco.

As palavras também causam um grande impacto em sua vida; escolha com cuidado qual delas usar para si ou para as pessoas ao seu redor.

Neste livro, você vai encontrar rituais, magias e feitiços que vão auxiliá-lo a transformar sua vida.

Acredite: sua essência divina possui o poder de transformar tudo ao seu redor.

Como Utilizar Este Livro?

Utilize-o sempre que precisar. Todos os rituais descritos aqui podem e devem ser usados quando você tiver necessidade de transformar sua vida ou das pessoas ao seu redor. Todo ritual pode ser adaptado para ser feito para outra pessoa, mas antes de cuidar do problema de alguém, resguarde-se, cuide de si primeiro. Isso não é ser egoísta, é questão de inteligência. Como pode um médico doente, que está acamado, cuidar de um paciente doente? Pense sobre isso e verifique também se vale a pena mexer em energias alheias se você não tiver o devido preparo.

Lembre-se: ninguém pode impedi-lo de ajudar outras pessoas, mas nunca se esqueça do merecimento de cada um de nós.

Existe também a grande pergunta: Quanto tempo um ritual demora para fazer efeito?

Não existe um tempo certo, uns afirmam que são 28 dias, por causa do ciclo lunar, outros dizem que são sete dias, já alguns acreditam em rituais de 24 horas, três dias, etc.

Bem, na verdade, não existe nenhuma garantia de dias em rituais, até porque os Guias afirmam que o tempo só existe no nosso plano físico. Neste plano em que vivemos, o tempo funciona de outra maneira, o tempo como conhecemos se faz necessário para que tenhamos um planejamento e uma direção na nossa existência terrena.

Então, se alguém lhe der a garantia que pode trazer alguém em 24 horas, três dias, etc., duvide! Não estou dizendo que isso não pode acontecer, isso realmente pode sim, dependendo da sua força mental e do seu merecimento, mas não crie expectativas para não se decepcionar e, muito menos, atrapalhar o fluxo mágico do ritual. Deixe a energia seguir até seu objetivo, para que ela retorne com o seu desejo já manifestado no plano material.

Procedimentos antes dos Rituais

Ao se fazer um ritual, é preciso ter em mente que é favorável seguir alguns procedimentos. Se não puder segui-los todas as vezes, não tem problema, mas entre todos, escolha um deles para ser feito.

Procedimentos que podem ser adotados:

- Tome um banho de ervas ou apenas um banho relaxante. Caso tenha dúvidas de qual erva utilizar, use o manjericão e a rosa branca, elas não têm nenhuma contraindicação.

Você pode misturar as duas ou escolha apenas uma delas. Em uma panela, aqueça a água até a ebulição e depois desligue o fogo. Adicione as ervas, mexa um pouco e depois coloque uma tampa. Aguarde esfriar. Peneire a mistura e, depois de um banho normal, jogue essa infusão da cabeça para baixo, para que limpe também seu mental de energias contrárias ao seu objetivo. Faça sete respirações bem profundas e, depois, bata a toalha de leve no corpo, não esfregue, apenas bata levemente para tirar o excesso de água.

- Se puder e tiver como, acenda uma vela branca para sua espiritualidade: Orixá, Anjo da Guarda, Mentores ou Protetores. Acenda a vela e ofereça para aqueles que o guardam. Agradeça pela ajuda prestada em seus rituais e magias e clame por sua proteção divina. Esta etapa é essencial e de suma importância se estiver fazendo o ritual para outra pessoa: cônjuge, familiar ou qualquer outro.

Acender uma vela para sua espiritualidade, antes de qualquer ritual, irá resguardá-lo de qualquer mal e vai protegê-lo.

- Outro elemento poderoso é o incenso ou defumador. Toda vez em que você fizer um ritual em sua casa, acenda um e defume o local onde irá fazer o ritual, pode ser incenso de vareta, de cone ou ervas depositadas em um braseiro. Faça uma oração que venha do seu coração, uma que você conheça ou, simplesmente, verbalize o intuito de retirar as energias negativas do local e de você também, que a fumaça do defumador leve para longe e transmute no nível etérico todas as energias negativas em positivas. Deixe-o em um lugar apropriado.

- Um incenso muito utilizado é o de Sândalo ou Espiritual, mas o correto seria fazer uma correspondência com o pedido ao aroma do incenso.

  Para pedidos de amor: Rosa, Jasmim ou Lavanda.

  Para prosperidade: Canela, Cravo-da-índia ou Noz-moscada.

  Para proteção: Arruda, Eucalipto e Sal Grosso.

- Use roupas claras para todos os rituais e roupas escuras para rituais de banimento ou proteção. Outra situação interessante é para as pessoas que possuem o cabelo comprido, deixe-os soltos para todos os rituais, mas presos em rituais de proteção.
- Se preferir não seguir nenhuma dessas orientações, faça ao menos uma oração antes e entregue-a para a criação divina, clamando por amparo, proteção e força espiritual.

- Todos os pedidos registrados em papéis devem ser escritos a lápis, mas antes, molhe a ponta do lápis na sua saliva e escreva seu pedido; faça isso somente se o ritual for para você, se for para outra pessoa, não utilize esse procedimento. O ato de molhar o lápis na saliva sela sua magia com seu DNA e dá mais poder para o objeto. A saliva está ligada ao poder do verbo, ou seja, o poder de criar e manifestar o seu desejo.
- É muito comum também seguir os ciclos lunares, mas isso vai da sua crença. Rituais positivos e pedidos de aumento, crescimento e sorte, fazemos na Lua Nova, Crescente ou Cheia; e para banir e se libertar de algo negativo, utilizamos a força da Lua Minguante.
- Importantíssimo: se o seu ritual for em algum ponto de força da Natureza, peça licença para estar naquele lugar e agradeça as entidades que ali habitam (mata, mar, cemitério, cachoeira, pedreiras, etc.).

Eu tenho como hábito colocar cristais, moedas ou açúcar na Natureza onde vou fazer ou despachar a magia.

- De todos os procedimentos, o que não pode faltar jamais é a Fé, bem como o pensamento positivo e a certeza de que seu ritual vai dar certo. Você pode seguir todos os procedimentos, mas, se faltar este último, seu ritual estará fadado ao fracasso.

Existem também pessoas que não comem nenhum tipo de carne, não têm qualquer tipo de contato sexual, não tomam café nem ingerem nenhum tipo de bebida alcoólica 24 horas antes do intuito mágico. Sinta-se à vontade caso seja uma verdade para você, mas lembre-se, esteja com o corpo o mais limpo possível. Evidentemente, em caso de emergência, é possível realizar o ritual na situação em que você estiver.

De todos os descritos anteriormente, tenho que confessar, eu não consigo ficar sem o "sagrado" cafezinho e inclusive eu o preparo antes, para que seu aroma se perpetue pela casa, trazendo aquela sensação de acolhimento e bem-estar.

Mas peço que evite qualquer bebida alcoólica antes de trabalhar com forças mágicas. O álcool muda nossa consciência, nosso modo de enxergar as coisas, e caso nossa espiritualidade esteja baixa, em vez de atrairmos forças divinas, vamos acabar atraindo seres e energias de baixa vibração. Cuide da sua mente ao fazer qualquer ritual.

E Depois dos Rituais, como Proceder?

O fim do ritual deve ser encarado também com respeito e gratidão.

Os descartes dos materiais devem ser avaliados com maturidade e amadurecimento. Sabemos, mais do que nunca, que necessitamos cuidar do meio ambiente onde vivemos e que, de modo algum, podemos descartar qualquer material na Natureza.

Precisamos ter consciência de que ela é a casa da Divindade; imagine se alguém sujasse sua casa, como você ficaria?

Como proceder:

- Os restos das velas podem ser descartados no lixo. Alguns praticantes de magia os enrolam em uma folha de papel branca e os depositam no lixo.

  Eu não vejo essa necessidade, porque, para mim, a vela já fez a função dela, mas siga sua intuição.
- As frutas e as ervas podem ser entregues na Natureza ou descartadas também no lixo.
- Se o ritual contiver cristais, elementos de metais e objetos, eles podem ser reutilizados em outras magias.
- Em relação às moedas, eu costumo deixá-las nas oferendas, para que quem as encontre e precisem delas, as pegue e as utilize. Dessa forma, o fluxo da moeda, que é caminhar, faz seu sentido.

- Papéis com pedidos podem ser queimados no fim do ritual e suas cinzas assopradas ao vento ou colocadas em um vaso de planta. Use a mesma atitude em relação à cinza dos incensos.
- E, por favor, desconecte-se do ritual, não fique ansioso nem contando os dias para que ele aconteça. Pense da seguinte forma: o ritual foi feito e foi entregue, permita que ele siga seu fluxo. Não fique cobrando da divindade, entidade ou da sua espiritualidade o efeito dele. Mais cedo ou mais tarde, o ritual irá acontecer.
- Caso o ritual tenha sido efetuado na Natureza, agradeça a todas as energias divinas do local, e saia de lá com respeito e gratidão.

Respeite a Natureza, para que você seja respeitado pelas forças divinas.

Parte 1

Magias para Amor, Beleza, Sedução, Atração e Sorte na Vida Amorosa e Sentimental

Vamos Tentar Entender a Energia do Amor

Antes de tudo, de qualquer feitiço, ritual ou magia de amor, vou lhe fazer três perguntas?

Você realmente se ama?

Você se vê merecedor(a) de amor, de ser amado(a)?

Você se enxerga com um olhar amoroso?

Se você respondeu não para alguma dessas perguntas, é preciso rever alguns conceitos que estão em sua mente.

Primeiro: como você espera que alguém o(a) ame se você não está fazendo isso por você mesmo(a)?

Lembre-se: você é um ser de luz radiante, que transfere para os outros a sensação ou a verdade que está na sua mente; ou você muda o modo como se sente em relação ao amor ou, simplesmente, irá viver de relacionamentos tóxicos, desafiadores ou mesmo complicados de acontecer.

O amor é uma energia que tem de fluir de dentro para fora, não adianta fazer magias e rituais para outra pessoa amar você, se nem isso você faz por si mesmo.

Quando eu atendo pessoas que estão nessa situação, eu sempre ensino rituais para aumentar a autoestima, o amor-próprio e a admiração por si mesmo, para que elas possam sentir e viver o amor quando ele se aproximar delas.

Com base nessa ideia do fluir, eu utilizo muito esta frase: "O amor é como grama, ele não faz esforço para crescer", porque, se você perceber, o que acaba nos deixando mais transtornados é a paixão e não o amor, e isso nos causa uma confusão imensa.

Paixão é algo mais relacionado com um fogo que queima e não para de queimar, uma mistura de desejo sexual, ciúme, vontade de ter a pessoa a qualquer custo, e isso acaba trazendo uma inquietação interna, mas chega um momento, que seria o correto, a paixão se transformar em amor. O amor carrega em si mais calma, brandura, segurança e confiança. Insisto em dizer que amor é confiança, admiração e sinceridade. Eu acredito piamente que, quando a paz encontra a paixão, nasce o amor. O amor é algo sublime e divino.

Quando estamos apaixonados cegamente por alguém, não pensamos e acabamos agindo por impulso, e deixamos de viver nossa vida para viver a vida do outro. Não permita que tirem de você o que é mais sagrado, que é o seu amor-próprio.

Pense comigo: se você consegue se apaixonar ou amar outra pessoa, o que impede que sinta isso por você mesmo(a)?

Encontre em você todas as qualidades que busca em outra pessoa e, se não encontrar todas, ressalte as que possui e comece a se valorizar.

Diga todos os dias e quantas vezes puder:

EU ME AMO E SOU AMADO(A).

Os rituais de amor neste livro não contarão apenas com a ajuda dos elementos em seus feitiços, mas também é necessário que contem com sua mente, suas atitudes e sua dedicação em se gostar.

Tenha certeza, você merece ser feliz!

Magia Cigana para Abertura de Caminhos no Amor 1

(Encontrar um amor, resolver casos difíceis, encontrar soluções para problemas no amor.)

Materiais:

1 vela branca em formato de chave;
1 vela palito nas seguintes cores: rosa, azul-claro, laranja, verde, amarela, vermelha e lilás;
Mel de abelhas;
7 paus de canela;

7 folhas de louro;
7 punhados de cravo-da-índia;
7 punhados de erva-doce;
7 punhados de damiana;
Flores do campo;
1 papel com seu nome escrito a lápis;
7 moedas douradas (lavadas e secas);
3 velas de sete dias brancas;
1 prato grande.

Ritual:

Coloque o papel com seu nome no centro do prato. Em cima do papel, coloque a vela em formato de chave. Ao redor da vela da chave, distribua as velas coloridas nesta ordem: rosa, azul-claro, laranja, verde, amarela, vermelha e lilás. Na frente de cada vela, coloque um punhado de cravo, um pau de canela, um punhado de erva-doce, um punhado de damiana, uma folha de louro e uma moeda. Derrame mel em volta das velas.

Enfeite todo o prato com as flores por dentro e por fora. Forme por fora do prato um triângulo com as velas de sete dias. Acenda todas as velas chamando pelo povo cigano, Santa Sara Kali e as Ciganas Encantadas do Amor, fazendo esta conjuração:

"Em nome de Dieula, Kristesko, Santa Sara Kali, peço às Ciganas Encantadas do Amor que abram meus caminhos, cortem todas as pragas e maldições que porventura foram lançadas sobre minha vida amorosa. Peço que afastem, cortem e eliminem toda a inveja e o olho gordo da minha vida. Que todos os nós que estiverem amarrando minha vida amorosa sejam imediatamente desamarrados. Que todo voto de solidão que eu tenha feito em vidas passadas seja desfeito, anulado e desativado da minha vida. Que tudo se abra, que as velas iluminem, clareiem e disseminem todo e qualquer mal. Peço ao povo cigano, na força de Santa Sara Kali e na força das Ciganas

Encantadas do Amor, que resolvam meus problemas (fale exatamente o que deseja). Desde já agradeço. Que é feito. Amém".

Durante sete dias e sempre no mesmo horário, faça esta conjuração reforçando seus pedidos. Após o sétimo dia, despache tudo embaixo de uma árvore, menos o prato, que deve ser lavado e usado em outros rituais.

Magia Hoodoo para Abertura de Caminhos no Amor 2

Materiais:

1 prato de ágata ou fôrma de vidro temperado;
3 potinhos de metal (tipo potinhos de empadinhas);
1 vela de cada uma das seguintes cores: azul, rosa e vermelha;
1 vela branca em formato de chave;
Óleo de amêndoas doces;
Gengibre em pó;
Folha de louro;

Damiana;
Hibisco;
Pétalas de rosas de todas as cores: rosa, amarela, branca e vermelha;
Lavanda;
Cravo-da-índia;
1 folha de papel pardo em formato de coração;
1 lápis.

Ritual:

Escreva na vela em formato de chave, da base para o pavio na parte da frente, o seu nome completo, vire a chave para você e escreva: "abertura de caminhos no amor" no lado oposto. Escreva o nome no papel a lápis três vezes. Pegue o óleo de amêndoas, molhe a ponta do seu dedo nele e toque no meio e nas quatro pontas do papel, no sentido horário, fazendo seus pedidos.

Coloque um pouco do óleo na mão e na vela, da base para o pavio; este ato se chama vestir a vela. Realize isso sempre fazendo os seus pedidos. Pegue os três potinhos de metal, para fixar as velas; coloque a vela de chave no meio do prato, em cima do papel onde está escrito seu nome e, ao redor, coloque as velas em triângulo respeitando o seguinte: se você quer fazer a magia para alguém do sexo masculino, a vela azul é que fica na ponta de cima e, se for mulher, é a rosa; o triângulo será desta forma: a vela que representa você, a cor secundária e a vermelha, as velas serão fixadas em potinhos de metal, iguais os que se usam para fazer empadinhas.

Coloque todas as ervas ao redor da vela da chave, uma por uma, sempre conjurando e fazendo seus pedidos.

Depois de feito isso, acenda a vela da chave primeiro, faça seus pedidos e depois acenda a vela que representa você no triângulo, depois as outras. Reze com bastante fé e agradeça pela ajuda divina.

Deixe queimar até o fim e depois jogue as ervas que sobraram (mesmo que somente as cinzas) em um vaso de planta.

Observação: Caso você seja homossexual, utilize a vela de cor laranja e substitua a vela azul ou rosa por ela. Dentro do hoodoo, a vela laranja é ideal para feitiços homoafetivos.

Magia Cigana para Harmonizar Relacionamentos Afetivos, Desfazer Mágoas e Apaziguar Brigas

Este é um ritual poderoso e, se feito com fé, realizará seus desejos. Pode também ser feito para conquistar alguém em que você esteja interessado (desde que a pessoa não seja comprometida).

Materiais:

1 vela de sete dias rosa, que vai trazer amor, harmonia e união para a relação;

1 prato;
1 foto (na qual apareçam os dois juntos);
1 papel branco com o nome dos dois escrito a lápis;
1 punhado de erva-doce;
1 punhado de camomila;
1 punhado de açúcar.

Ritual:

Coloque a foto e o papel com os nomes no centro do prato. Ponha a vela de sete dias de modo que a base da vela cubra o rosto do casal. Cubra todo o restante com açúcar, erva-doce e camomila. Acenda a vela pedindo ao anjo da guarda de ambos que afaste todas as energias que perturbam e que causam brigas e desentendimentos (caso seja para conquistar alguém, aqui você pede para que vocês sejam unidos em verdadeiro amor). Peça que os anjos da guarda transformem a luz material da vela em luz espiritual; que ilumine a aura de ambos, clareie os caminhos, ilumine as energias negativas, corte todas as pragas e maldições que foram lançadas sobre o casal. Peça que toda inveja e olho gordo sejam eliminados, e que a luz traga a paz novamente ao casal.

Faça o ritual por quatro semanas seguidas. Ore também o Salmo 87 para ter harmonia em todas as áreas da vida e, se for para encantar a pessoa amada, o Salmo 43.

Defumação para Acabar com Brigas e Desarmonia entre Casais

Materiais para o defumador:

6 colheres de sopa de açúcar;
6 colheres de sopa de erva-doce;
6 colheres de sopa de erva-cidreira seca;
6 colheres de sopa de melissa seca;
6 colheres de sopa de camomila seca;
6 colheres de sopa de lavanda desidratada;
6 colheres de sopa de pétalas de rosa cor-de-rosa secas;
6 colheres de sopa de damiana seca;
6 colheres de sopa de hibisco.

Materiais para serem usados após a defumação:
1 vela branca palito;
1 copo comum;
Água;
Açúcar.

Ritual:

Misture o açúcar e as ervas, e as coloque em um defumador. Defume a casa e, ao fazer a defumação, vá conjurando:

"Em nome de Deus, da minha Espiritualidade e do Arcanjo Haniel, arcanjo do amor, e pelo poder concedido a mim pelos meus Ancestrais, que esta fumaça afaste desarmonias, quizilas e desentendimentos da minha vida amorosa com (diga o nome do seu amor), e que traga paz, harmonia, união e amor para nós. Que assim seja. Amém".

Depois que defumou bem a casa, deixe este defumador queimando do lado de fora.

Acenda uma vela branca e ofereça para Deus, sua Espiritualidade e para o Arcanjo

Haniel, e agradeça a ele pela intercessão e pela paz, harmonia, união, felicidade na sua casa, no seu relacionamento e no seu interior. Pegue um copo com água e adoce com açúcar, deixe a vela do lado direito do copo.

Quando a defumação apagar, jogue-a em um local florido ou em um vaso de flores da sua casa.

Observação: abra bem as portas e às janelas quando estiver fazendo qualquer defumação, para que a fumaça leve embora aquilo que não lhe traz felicidade e, ao mesmo tempo, deixe os novos ventos entrarem em seu lar, trazendo a positividade para sua casa e sua vida.

Magia Poderosa de Amor

Conte com a força da Orixá Oxum nesta magia. Senhora do amor, da beleza e sedução, ela sabe que existe uma pessoa que pode fazer você muito feliz. Faça esta magia com fé que ela irá trazer um grande amor para você.

Materiais:

5 maçãs vermelhas;
5 quindins;
Mel;
Azeite de oliva;
5 ovos brancos;

5 punhados de açúcar;
1 vasilha de porcelana branca;
Flores amarelas;
Fita amarela;
Açúcar mascavo;
Glitter dourado;
1 vela de sete dias de mel ou 5 velas amarelas normais de mel;
5 moedas douradas (bem limpas e secas);
5 búzios;
5 conchinhas;
5 papéis com seu nome e o nome do seu amor; caso não tenha ninguém, escreva seu nome e embaixo o seu pedido.

Ritual:

Corte uma tampa em cada maçã. Retire a parte do miolo e as sementes, formando um copo com a maçã. Coloque o papel enrolado, tipo pergaminho, dentro de cada maçã.

Coloque as gemas de ovo dentro da maçã, mas tenha o cuidado para as gemas não se romperem; se isso acontecer, terá que repetir o processo.

Coloque as tampas nas maçãs, amarrando cada maçã com um pedaço de fita amarela. Coloque as cinco maçãs na vasilha e, ao redor, todos os outros elementos: as moedas, os búzios, as conchinhas, os quindins. Cubra tudo com açúcar mascavo e regue com um pouco de mel e azeite. Bata as cinco claras em neve com açúcar formando um suspiro. Coloque o suspiro por cima de tudo. Sobre o suspiro, ponha as flores de forma que tampe a vasilha. Jogue bastante *glitter* por cima.

Passe a vasilha simbolicamente em seu corpo, de baixo para cima, pedindo a Oxum o que deseja. Acenda as velas reforçando seus pedidos a Oxum, a deusa do amor, da beleza e da sedução.

Deixe em lugar alto por sete dias. Ore todos os dias rogando a Oxum o que deseja.

Depois disso, despache na beira de um rio que seja de água limpa ou em um jardim que seja bem bonito.

Óleo de Amor

Está se sentindo cansado(a) de não conseguir ninguém? Sente que o amor não é para você e, por mais que você tente, nunca consegue ficar com ninguém? Este óleo vai ajudá-lo(a). Além de trazer o amor até você, ele fará mais, fará com que o amor cresça em si mesmo(a) e, dessa forma, irá aparecer alguém em sua vida para amá-lo(a).

Materiais:

1 vidro com tampa;
Pétalas de rosas (todas as cores);
Erva-doce;
Hibisco;

Canela;
Cardamomo;
Cravo-da-índia;
Junípero (bagas de zimbro);
1 ímã pequeno que caiba no vidro;
1 vela de 7 dias cor-de-rosa;
1 pilão;
Óleo de amêndoas.

Ritual:

Faça este óleo de preferência em uma sexta-feira de Lua Crescente ou Cheia, mas como eu sempre digo, a urgência faz a situação, então, faça quando precisar.

Coloque as ervas em um pilão, uma por uma, e vá conjurando para que elas tragam amor, sorte na vida sentimental e na vida amorosa, amor sexual, magnetismo pessoal e sexual, beleza interior e exterior, amor-próprio, segurança emocional, etc. Converse com as ervas e peça tudo aqui que você quer no amor.

Não faça este óleo pensando em ninguém, pense na energia do amor.

Depois de todas colocadas no pilão, soque as ervas e vá fazendo seus pedidos. Não precisa fazê-las virarem pó, este ato vai libertar o aroma das ervas e o óleo contido em cada umas delas.

Coloque as ervas que estão no pilão dentro do vidro, o imã e o encha com o óleo de amêndoas. Feche o vidro, segure-o em suas mãos e agite para que as ervas se misturem no óleo.

Pegue a vela de sete dias e pingue sete gotas deste óleo na base de cima da vela, perto do pavio. Acenda a vela e diga:

"Vela, te conjuro para que ilumine minha vida e este óleo de amor, e que ele busque o amor para mim nos quatro cantos do mundo, trazendo sorte, sucesso e felicidade na minha vida amoroso e sentimental. Em nome de Deus e da minha espiritualidade. Amém".

Deixe o óleo ao lado da vela até ela apagar; quando isso acontecer guarde esse óleo em um local protegido da luz.

Use o óleo para untar objetos, anéis, amuletos, pedidos, velas e sapatos, a fim de que se transformem em talismãs que irão atrair o amor para você.

Observação: todas as ervas devem estar secas para a criação deste ou de qualquer óleo mágico.

Magia para Esquentar a Relação Amorosa e Sexual

Esta magia é muito forte e seus efeitos são sentidos logo nos primeiros dias.

Materiais:

1 prato ou utensílio de alumínio;
1 vela vermelha de 7 dias;
1 papel com os dois nomes escritos a lápis;
Mel;
6 gotas de seu perfume preferido;

6 gotas de óleo amor (ver receita anterior);
Canela em pó;
Açúcar;
Cravo-da-índia;
Pimenta rosa;
Pétalas de rosa vermelha;
Hibisco;
Gengibre em pó.

Ritual:

Escreva no papel o nome da pessoa amada seis vezes, rode o papel no sentido horário e escreva o seu por cima. Gire mais uma vez no sentido horário e escreva nesse papel seus pedidos por cima de tudo, em relação a melhorar sua vida sexual e amorosa.

Exemplo:

Escrever os seus pedidos

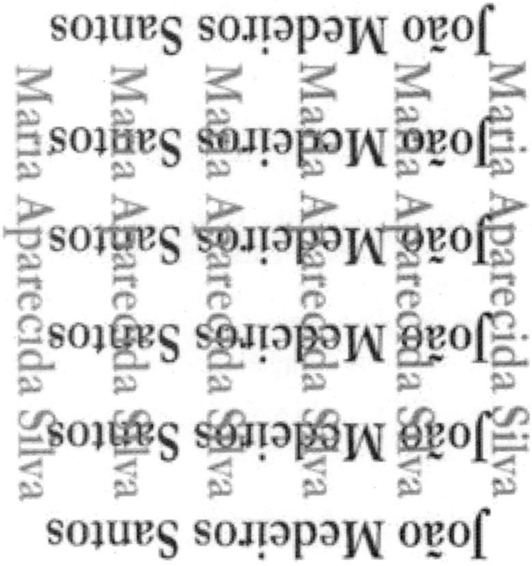

Coloque esse papel no centro do prato, pingue seis gotas de óleo de amor e seis gotas do seu perfume no papel. Ponha a vela em cima do papel e, ao redor, distribua as ervas, conjurando-as para que melhorem o seu desempenho sexual, e aumentem a excitação, o amor, e renove sua vida amorosa e sexual. Pegue o mel e o açúcar e jogue por cima das ervas.

Pingue em cima da vela, perto do pavio, seis gotas do óleo de amor e do seu perfume, acenda e diga:

"Conjuro esta vela, e ofereço essa chama para os meus guardiões e guardiãs para que esquentem minha relação amorosa com (diga o nome da pessoa), que traga mais desejo e renove nossa vida amorosa. Amém".

Faça seus pedidos e converse com o seu feitiço, deixe claro para que ele está sendo feito.

Quando a vela acabar, jogue as ervas em um jardim, e o resto da vela pode jogar no lixo.

Magia Cigana para Unir um Casal de Namorados

Esta magia cigana tem o poder de unir dois corações, mas desde que a pessoa em questão seja solteira e não tenha nenhum tipo de compromisso.

Se a pessoa estiver indecisa em relação a você, conte com esta magia poderosa, que dispõe da ajuda do povo cigano para unir esta relação.

Materiais:

3 velas de sete dias azul-claras;
3 velas de sete dias cor-de-rosa;
1 taça de vidro ou cristal;
Pétalas de rosa cor-de-rosa;
Água mineral;
Açúcar cristal;
Os nomes do casal, escritos em papel de seda a lápis.

Ritual:

Em uma terça-feira de Lua Nova, acenda uma vela azul e uma vela rosa. Coloque água mineral na taça com bastante açúcar e os nomes escritos a lápis no papel de seda. Ao redor, faça um círculo com as pétalas de rosa e diga:

"Como eu adocei esta água, assim eu adoço o coração de 'fulano', para que seu amor seja renovado, aumentado e intensificado por mim ou por 'beltrano'".

Na Lua Crescente, acenda uma outra vela azul e outra rosa e diga:

"Chamas das velas, poder do fogo, acendam e façam aumentar e crescer o amor de 'fulano' por mim, ou por 'beltrano'".

Na Lua Cheia, acenda a última vela azul e rosa, preencha a taça com água mineral e açúcar e diga o seguinte:

"'Fulano', que no seu coração se reacendam as chamas de amor por mim (ou por 'beltrano'), e transborde de alegria e de felicidade, pense somente em mim (ou em 'beltrano') com amor, doçura, carinho e afeto. Que nossos anjos da guarda nos tragam felicidade. Assim Seja".

Depois de 21 dias, jogue tudo o que sobrou das ceras das velas no lixo comum embrulhado em um papel sulfite branco; já a água com o papel devem ser jogados ao pé de uma árvore bem frondosa, sem espinhos, ou em um jardim.

Observação importante: na primeira oportunidade, ofereça à pessoa água ou vinho naquela taça, na qual os dois deverão beber juntos a mesma bebida.

Você pode também fazer para unir um casal amigo ou que esteja precisando.

Talismã de Vênus

Este talismã traz sorte no amor, possibilita ter grande poder de sedução e proteger sua vida amorosa.

Deve ser feito em uma noite de Lua Crescente ou Cheia, em uma sexta-feira, exatamente às 20 horas.

Materiais:

3 canelas em pau;
1 colher de chá de noz-moscada ralada;
3 gotas de óleo essencial de ilangue-ilangue;
1 pedra pequena de quartzo rosa;
1 pedra pequena de quartzo verde;

1 vela rosa comum;

3 incensos de rosa;

Linha de costura rosa;

1 saquinho de pano rosa para colocar tudo dentro.

Observação: tanto as pedras como o saco de tecido devem ser pequenos. Lembre-se de que esse saquinho será um talismã que você carregará com você no seu bolso ou em outro ponto do seu corpo.

Ritual:

Coloque as pedras, o óleo, as canelas e a noz-moscada no saquinho um a um e vá fazendo os seus pedidos. Quando terminar, amarre o saquinho com uma fita rosa ou costure com linha rosa.

Acenda os incensos e a vela, segure o saquinho com as duas mãos em frente ao centro do seu peito (chacra cardíaco), reze o Salmo 43 por três vezes e agradeça aos

Deuses e às Deusas do amor por imantarem, consagrarem e intensificarem seu talismã com energias positivas (faça seus pedidos).

Deixe a vela queimar até o fim e só depois carregue o patuá com você, na sua bolsa ou bolso. Não deixe ninguém ver ou tocar neste talismã.

Magia para Esquecer um Amor 1

Vá até um rio ou mar com mais ou menos três punhados de sal e o jogue na água; neste momento, diga:

"Poderes da água, eu vos conjuro, assim como o sal se derrete e se desmancha; eu determino que fulano seja retirado da minha mente e se desmanche do meu coração. Amém".

Dê sete passos para trás, vire-se e vá embora.

Não olhe para trás e evite ir a esse lugar por 21 dias.

Magia para Esquecer um Amor 2

Pegue uma vela branca e a quebre em três pedaços. Acenda-os no chão em forma de triângulo e diga:

"Assim como eu quebrei esta vela, eu conjuro para que se quebre a força, o domínio e o controle que este sentimento de 'fulano' tem sobre mim. Eu quebro qualquer ligação que ainda possa existir entre nós e me liberto, para que, assim, sejamos felizes, cada qual em seu caminho. Amém".

Essa magia é mais forte se for feita ao ar livre.

Magia de Amor com Maçã para Ter Paz na Vida Amorosa

Materiais:

1 maçã verde;
1 papel com os nomes escritos a lápis;
Fita branca;
Mel ou açúcar mascavo
1 vela palito amarela;
1 vela palito rosa;
1 vela palito branca.

Ritual:

Corte a tampa da maçã e retire o miolo e as sementes. Ponha dentro da maçã o papel com os nomes escritos. Coloque por cima dos nomes o mel ou o açúcar mascavo, tampe a maçã com a parte restante, amarre com a fita branca dando um laço bem bonito.

Coloque as velas em forma de triângulo, em sentido horário, nesta ordem: branca, rosa e a amarela. Ponha a maçã no meio e conjure:

"Eu conjuro este feitiço e o ofereço para toda a minha espiritualidade. Peço que haja paz, harmonia e união na minha vida amorosa, em nome de Deus. Amém".

Deixe as velas queimarem até o fim, e quando isso acontecer, enterre esta maçã em um vaso de plantas sem espinhos.

Banho para Aumentar o Poder de Sedução e a Autoestima

Este é um banho completo que vai ajudá-lo(a) em todos os seus níveis sentimentais, amorosos e emocionais. Ele aumenta a autoestima, o amor-próprio e o poder de sedução. Atrai e fideliza, fazendo com que você seja sempre o centro da atenção.

Materiais:

3 litros de água;
5 canelas em pau;
1 rosa de cada cor: rosa, amarela, branca e vermelha;

5 punhados de açúcar;
5 punhados de verbena;
5 punhados de cravo-da-índia;
5 punhados de coentro;
5 punhados de cipó-mil-homens;
5 punhados de bagas de zimbro;
5 punhados de cardamomo;
5 punhados de hibisco;
5 punhados de catnip (erva-de-gato);
5 colheres de mel ou de açúcar mascavo;
1 colher de pau (usada somente para este fim);
1 vela branca comum.

Ritual:

Nesta etapa, você pode fazer o banho conforme sua tradição ou faça da seguinte maneira: coloque a água para ferver e, quando levantar fervura, desligue o fogo. Em seguida, ponha todos os ingredientes (mas separe uma parte das ervas) dentro da panela e, no sentido horário, com a colher de pau, vá mexendo delicadamente e fazendo todos os seus pedidos; tampe e deixe amornar. Quando estiver em uma temperatura suportável para seu corpo, coe as ervas e reserve.

Tome seu banho normal e jogue esta mistura da cabeça para baixo (se assim você quiser); faça sete longas respirações (inspire pelo nariz e expire pela boca), deixe seu corpo secar naturalmente e vista uma roupa clara.

Firme a vela branca em uma vasilha à prova de fogo, coloque as ervas ao redor dessa vela e acenda-a. Neste momento, faça seus pedidos e suas intenções com este banho.

Quando a vela terminar de queimar, você pode jogar a cera no lixo e as ervas entregue numa estrada, praça ou embaixo de uma árvore frondosa sem espinhos. Axé grande!

Magia para Conseguir um Casamento

Este ritual abre as portas para uma vida amorosa com maior estabilidade, ajuda a agilizar o casamento e também criar situações amorosas que levam você ao altar.

Materiais:

1 vela de sete dias cor-de-rosa;
1 punhado de damiana;
1 punhado de jasmim-manga, também conhecida como flangipani;
1 punhado de jasmim;
1 punhado de lavanda;
1 punhado de orris (íris germânica);

1 punhado de pétalas de rosa cor-de-rosa e branca;
1 punhado de açúcar cristal;
1 papel escrito seu nome completo e sua data de nascimento. Caso você tenha alguém, pode colocar o nome completo e data de nascimento da pessoa também (se tiver as fotos dos dois juntos é melhor).

Ritual:

Coloque o nome ou a foto dentro de um recipiente à prova de fogo e ponha a vela em cima. Antes de fazer isso, segure a vela na sua mão e converse com Deus, com toda a espiritualidade que o(a) protege e que protege a pessoa amada.

Coloque as ervas ao redor em forma de círculo e salpique o açúcar por cima, também em círculo.

Acenda a vela e conjure:

"Conjuro e ofereço a chama desta vela para que me traga um casamento sem demora.

Queime vela, queime sem demora, me traga um casamento, busque para mim aquele(a) que vai me amar e eu vou amá-lo(a), vá aos quatro cantos do mundo e encontre alguém perfeito para mim. Em nome de Deus. Amém".

Deixe a vela queimar e, quando isso acontecer, enterre as sobras em um vaso de planta ou entregue na porta de uma igreja.

Magia para ter Harmonia em Casa

Escreva o nome de todos os familiares a lápis em uma folha de papel, do mais velho ao mais novo. Coloque esse papel dentro de uma quartinha de louça branca (encontrada em casas de artigos religiosos), sem alça (macho), e ponha um pouco de mel, açúcar mascavo, cristal ou refinada, encha com água e tampe. Deixe em um local mais alto que sua cabeça, acenda com cuidado ao lado uma vela branca comum e faça a seguinte oração:

"Eu clamo a Deus,
Clamo a seus Divinos Tronos,

Clamo a sua Lei Maior e a sua Justiça Divina, e clamo o Trono Masculino da Fé aqui firmado. Peço e agradeço pela paz, harmonia, união, respeito e amor que existe no meu seio familiar. Que todo mal, espiritual e material, seja retirado de nossa vida (faça seus pedidos). Eu agradeço. Amém".

Faça essa oração por dez dias seguidos, usando uma vela por dia. E, uma vez ao mês, acenda uma vela branca ao lado da quartinha, refazendo seus pedidos.

Observação: a quartinha deve sempre ficar no mesmo lugar e nunca deixe a água secar.

Magia para Ser Feliz no Amor

Quem não quer ser feliz no amor? Caso você se sinta infeliz nesta área, utilize esta magia para trazer a felicidade na sua vida amorosa.

A princípio, na primeira noite de Lua Minguante, acenda uma vela violeta e diga:

"Pelo poder de Deus pai/mãe, da Amada Presença divina 'Eu Sou' ancorada e manifestada em meu coração, apelo à energia criadora universal e aos trabalhadores da chama violeta para que seja transmutada toda energia negativa da minha vida sentimental, amorosa e emocional, em energias positivas.

Lua Minguante, mingue com seu poder qualquer praga, maldição, magia negativa, olho gordo e negatividade que porventura existir em minha vida sentimental, amorosa e emocional.

Desfaço agora qualquer pacto ou acordo de solidão que fiz consciente ou inconscientemente, nesta vida ou em vidas passadas, eu me permito ser feliz e realizado na minha vida sentimental, amorosa e emocional.

Assim eu determino e aceito. Assim é feito, ser feliz é o meu direito".

Faça isso por sete dias seguidos, cada dia acenda uma vela nova (palito comum) e sempre no mesmo horário.

Espere chegar a Lua Crescente e acenda uma vela de sete dias de cada cor, rosa, amarela e azul, em forma de triângulo em um local seguro de sua casa (não pode ser em cima da geladeira nem dentro do banheiro), não precisa ser em um local mais alto que sua cabeça. No meio do triângulo, coloque um cristal de quartzo rosa ou seixo de rio rolado, acenda as velas e faça esta oração:

"Bem-amada Presença Divina, Eu Sou em mim e em todos nós. Em nome de Deus Pai/Mãe e de todos os Mestres, Arcanjos, Anjos e Elohins (lê-se Elorrins) que trabalham e atuam nos 12 raios, pelo poder da Chama Trina e em nome da minha Presença Divina, Centelha Divina da Criação, eu determino neste momento que a felicidade, a realização e toda a positividade sentimental, amorosa e emocional, estejam a partir de agora em minha vida e por todo o sempre gravadas em minha alma, espírito e memória cármica. Eu aceito ser feliz e sou abençoado por isto.

Que fiquem impregnados nesta pedra meus pedidos e imantações das determinações aqui faladas. Que assim seja e assim é feito.

Bendito é o meu desejo, porque ele é realizado para meu bem e para o bem de todos os envolvidos. Assim é feito!"

Faça também essa oração por sete dias seguidos sempre no mesmo horário. Quando as velas acabarem, pode jogar o que sobrou no lixo.

A pedra vira um amuleto amoroso e deve ser sempre carregada com você, não deixe ninguém ver nem a tocar. Se isso acontecer, deve se fazer todo o ritual novamente.

Parte 2

Magias para Prosperidade, Emprego, Abetura de Caminhos e Sorte

Você Sabe o que é Prosperidade?

Segundo o dicionário *Houaiss* da *língua portuguesa*, prosperidade é: *"(do latim prosperitate) refere-se à qualidade ou estado de próspero, que, por sua vez, significa ditoso, feliz, venturoso, bem-sucedido, afortunado".*

A prosperidade real não está somente ligada a quanto de riqueza você possui, mas também ao que de satisfação ela lhe causa.

Muitas pessoas consideradas "milionárias" são infelizes, isso prova que somente o dinheiro e o bem material não trazem a sensação de bem-estar.

Poderíamos escrever um livro apenas para entender a prosperidade e, mesmo assim, não diríamos tudo. O que você precisa compreender sobre prosperidade é o seguinte: "A prosperidade é para todos, sem distinção". Todo pensamento negativo que temos em relação ao dinheiro foi implantado na nossa cabeça, não estava lá, não nasceu conosco.

Mas, e em relação às vidas passadas, voto de pobreza no passado, etc.?

Entenda, se você se encontra nesta existência, então é uma chance para seu espírito mudar e aprender o que for necessário. Por mais que digam que estar em uma situação precária enobrece a alma, isso já escapa da real prosperidade, que é um estado de otimismo e de satisfação. Tente ao máximo estar otimista em relação à sua vida, por mais complicada que seja, eu garanto para você que a Energia Abundante que provém de Deus não quer que você viva neste estado delicado de fraqueza e incapacidade.

Contudo, lembre-se: se você está satisfeito e feliz do jeito em que se encontra, isso já é um estado de prosperidade.

Os feitiços e os encantamentos deste livro, quando feitos com fé e certeza daquilo que está sendo ativado, irão ajudar você a conquistar a tão sonhada vida próspera que faz parte do direito divino de cada um de nós.

Entregue para o Universo os seus pedidos e tenha certeza de que serão atendidos.

Magia Cigana para Arrumar Emprego 1

Se você estiver há algum tempo procurando emprego e não encontra, utilize esta magia que vai ajudá-lo(a) a encontrar o tão esperado trabalho. Ela também cria um talismã que vai abrir as portas de trabalho e irá auxiliar você nas entrevistas de emprego.

Materiais:

1 prato;
1 foto sua, pode ser 3 x 4;
1 vela de 7 dias laranja;
1 chave; se for antiga, melhor;
Manjericão;

Hortelã;
Louro;
Canela em pau;
Capim-limão.

Ritual:

Escreva atrás da foto seu nome completo e sua data de nascimento, coloque a foto dentro do prato e por cima a vela. Ao redor da vela, ponha as ervas e vá fazendo seus pedidos. Coloque a chave na frente da vela, no prato. Acenda a vela e conjure:

"Em nome de Dieula (Deus), Kristesko (Jesus Cristo), de Santa Sara Kali e do povo cigano da estrada, eu peço que abram meus caminhos profissionais, magnetizem nesta chave sua força e poder para que ela se torne um talismã para abrir meus caminhos; e que ela abra uma vaga de emprego para mim em um local onde serei feliz, próspero, respeitado e admirado. Amintu-rah! Amém".

Todos os dias e no mesmo horário, faça essa conjuração. Quando a vela acabar de queimar, entregue as ervas em uma praça, guarde a foto na sua carteira com a chave. Se porventura as ervas queimarem e a foto também, não tem problema, jogue as cinzas em uma praça da mesma forma e carregue a chave na sua carteira.

Sempre que precisar de algo relacionado ao lado profissional, pegue a chave na sua mão e a coloque perto do coração. Converse com Santa Sara Kali e o Povo Cigano da Estrada para que realizem seus desejos e abram as portas para que o emprego se manifeste na sua vida.

Magia para Arrumar Emprego 2

Essa magia é bastante simples, ela não é tão rápida para aparecerem os resultados, mas com toda certeza é infalível.

Materiais:

3 litros de água;
1 maço de coentro;
1 panela;
1 vela laranja.

Ritual:

Em uma quinta-feira à noite, coloque em uma panela três litros de água, deixe a água ferver por cerca de três minutos e coloque um maço de coentro. Apague o fogo e deixe amornar.

Após o banho normal, jogue este banho do pescoço para baixo. Acenda a vela laranja e ofereça para sua espiritualidade, agradecendo pela ajuda e pelo amparo, trazendo abertura de caminhos profissionais e um emprego abençoado.

Faça uma vez por semana, toda quinta-feira.

Magia de Prosperidade, por Cigana Sara do Oriente

Materiais:

1 melão amarelo;
6 velas amarelas ou douradas;
1 rosa amarela;
6 incensos de rosa amarela;
6 moedas douradas de maior valor;
Meio metro de fita amarela ou dourada;
Cartas de baralho, sendo elas: Rei de Ouros, Ás de Ouro e Rainha de Ouros;
Nome de todos que querem prosperar;
Essência de canela ou de rosa amarela.

Ritual:

Abra o melão na horizontal, retire as sementes (guarde e as deposite no pé de uma árvore frondosa, sem espinhos). Coloque os nomes dentro do melão, por cima as cartas, as moedas e as pétalas de rosa amarela. Regue com essência de canela ou de rosa amarela, junte a outra parte do melão com um laço bem bonito usando a fita. Entregue aos pés de uma cachoeira, acendendo ao lado as 6 velas e os incensos, refazendo seus pedidos.

Observação: POR FAVOR! Ao acender velas e os incensos na Natureza, tenha o cuidado para não causar incêndios na mata.

Ritual para Prosperidade (para Casa ou Comércio)

Materiais:

1 vela amarela ou dourada de 7 dias;
1 pedra pirita;
1 ímã em forma de ferradura (se possível) ou um pedaço de ímã comum;
1 vasilha pequena;
1 punhado de arroz, de preferência com casca;
1 punhado de milho;
7 espigas de trigo;
7 canelas em pau;

7 cravos-da-índia;
7 folhas de louro;
Moedas de maior valor (lavadas e secas);
Um punhado de glitter dourado.

Ritual:

Encha a vasilha com o arroz e o milho. Espete as sete espigas de trigo, as canelas, os louros e os cravos-da-índia formando um círculo. Na frente de cada espiga, coloque uma moeda e, no centro, o ímã com a pirita em cima dele. Salpique *glitter* por cima de tudo.

Acenda a vela ao lado pedindo que os Deuses e as Deusas da prosperidade irradiem sua luz sobre este pote, que imantem, consagrem e tornem este pote um portal de prosperidade, sorte, fortuna, fartura e riqueza para sua casa ou comércio.

Após a vela se apagar, coloque a vasilha em um local bem alto e acenda uma vela de 7 dias todo mês ao lado dela. Faça a troca dos grãos uma vez ao ano. Passe as moedas para a frente, e utilize o mesmo ímã e a mesma pirita em uma nova vasilha.

Observação: muito cuidado ao deixar a pirita ao lado de qualquer chama ou calor, pois ela pode entrar em combustão e explodir, causando acidentes e situações perigosa. Por isso, em qualquer ritual em que for usar a pirita perto de vela, deixe-a em uma distância segura.

Magia para Prosperidade com o Clã dos Ciganos Dourados

O Clã dos Ciganos Dourados está diretamente ligado a tudo que envolva ganhos, dinheiro, prosperidade, estudos e desenvolvimento pessoal em questões financeiras. Conte com a ajuda desse clã neste ritual.

Materiais:

8 piritas;
8 velas douradas (se não encontrar, use a vela amarela);
8 varetas de incenso de canela, chama dinheiro ou Magia Cigana;

8 folhas de louro;
8 moedas douradas;
1 ímã em forma de ferradura;
1 taça com vinho tinto doce;
1 taça com água;
1 baú pequeno (de preferência de madeira); não encontrando o baú, pode ser uma caixinha de madeira.

Ritual:

Faça essa magia na Lua Crescente ou Cheia.

No chão, faça um círculo com as velas e, intercalando no meio delas, coloque uma vareta de incenso. Do lado de dentro do círculo e na frente de cada vela, coloque uma folha de louro, a moeda em cima e, em cima da moeda, a pedra pirita.

No meio do círculo, coloque a taça de vinho e a de água e, entre elas, ponha o ímã. Acenda as velas e os incensos. Com as mãos espalmadas na frente da oferenda, faça este conjuro:

"Ciganos Dourados, em nome de Dhieula (Deus), Kristesko (Jesus Cristo) e Santa Sara Kali, imantem com a sua energia dourada esta magia e que, por meio dela, se abra na minha vida um portal de prosperidade, realizações e oportunidades financeiras assertivas e de bons negócios.

Que este ímã seja consagrado na energia do Clã dos Ciganos Dourados para que ele atraia para mim todo o dinheiro de que eu preciso e necessito para ter estabilidade financeira. Este ímã é agora um talismã atrator de dinheiro e felicidade financeira. Muito obrigado.

Que assim seja, assim se faça. Amém".

Fique ao lado da magia uns 30 minutos e, quando as velas acabarem, recolha tudo: as moedas, as piritas, as folhas de louro e o ímã, em seguida, coloque dentro do bauzinho, deixe-o em um altar ou em um local onde você considera sagrado. As sobras das velas, jogue-as no lixo; e as cinzas do incenso, sopre no vento.

Os líquidos das taças, despache-os na terra ou na pia.

As piritas, você pode deixá-las dentro do baú ou em algum local de costume, para serem utilizadas em outros rituais.

Sempre que sobrar moedas com você, coloque no baú, quando juntar uma boa quantia, compre algo para a espiritualidade ou doe.

Conseguir Trabalhar na Área Determinada por meio de Exu Lonam

Exu Lonam é uma entidade que trabalha à esquerda do Criador, é um guardião, que tem como principal missão abrir os caminhos das pessoas que pedem ajuda a ele. Esse espírito de luz trabalha somente para a evolução dos seres na matéria.

Esta magia foi ensinada por ele, para que a pessoa possa arrumar emprego dentro da área desejada, mas desde que ela tenha as aptidões para o cargo.

Materiais:

1 cabaça;
1 farofa de água;
1 farofa de dendê;
1 farofa de água de coco;
1 farofa de fumo de corda (picar o fumo de corda e misturar na farinha de mesa);
6 fitas coloridas;
6 velas brancas;
6 moedas de maior valor;
1 papel escrito a lápis com a área em que você quer trabalhar.

Observação: a receita para produzir a farofa está no glossário.

Ritual:

Abra a cabaça na parte de cima e coloque nesta ordem: o papel, as farofas na ordem em que apareceram na descrição dos materiais e as moedas. Feche a cabaça e amarre com as seis fitas coloridas.

Procure uma árvore e pendure a cabaça nela, acenda as velas aos pés da árvore (mas, por favor, tenha muito cuidado para não colocar fogo no tronco).

Faça seus pedidos a Exu Lonam, pedindo por oportunidades, abertura de caminhos, vitalidade e força para conquistar seus objetivos. Bata palmas, dê sete passos, vire de costas e vá embora.

Observação: não coloque o nome da empresa nesta magia.

Para a Dama da Noite Ajudá-lo, Atraindo mais Clientes

Dama da Noite é uma guardiã que protege principalmente as mulheres e os novos médiuns em desenvolvimento, traz amor para quem pede sua ajuda e oportunidades para o crescimento emocional. Esta senhora tem como missão acalentar os corações machucados, aconselhar como uma verdadeira amiga e ensinar a pessoa a buscar a felicidade.

Esta magia irá ativar a energia desta Pombagira para atrair clientes para seu estabelecimento, aumentar suas vendas e fazer você se destacar dos demais.

Materiais:

1 folha de papel;
1 lápis;
1 alguidar de barro médio;
7 ovos vermelhos (crus);
7 moedas douradas;
7 cigarros de cereja ou filtro longo;
1 garrafa de champanhe rosé;
7 velas, sendo: 1 amarela ou dourada, 3 vermelhas e 3 pretas;
1 maçã cortada em cruz;
3 rosas vermelhas;
7 gotas do seu perfume;
1 padê de mel (uma farofa feita com farinha de mandioca e mel).

Ritual:

Em uma noite de Lua Cheia, escreva em uma folha de papel seus pedidos a lápis e coloque dentro do alguidar. Ponha por cima a farofa e, por cima da farofa, coloque os elementos nesta ordem em forma de círculo: os ovos, as moedas, a maçã cortada em cruz (enfeite ao seu gosto) e, bem no meio, coloque as rosas cortadas bem rente do talo. Borrife seu perfume sobre a oferenda, chamando pela Pombagira Dama da Noite para que lhe ajude a ter mais clientes, vender mais, se destacar dos concorrentes e ter mais carisma.

Leve tudo para uma encruzilhada ou estrada. Chegando lá, coloque o alguidar no chão e jogue a champanhe ao redor em forma de círculo (circundando o alguidar; não deixe a garrafa no local, jogue no lixo apropriado). Acenda os sete cigarros, um a um, dando sete baforadas em cima da oferenda, e vá colocando os cigarros dentro do alguidar de um modo bem bonito. Acenda as velas ao redor ou todas juntas, e faça seus pedidos mais uma vez, prometendo que assim que melhorar você irá levar essa oferenda novamente como agradecimento.

Agradeça dizendo: "Laroyê Dama da Noite, Dama da Noite é Mojubá. Saravá. Axé".

Dê sete passos para trás e vá embora. Faça com fé que ela irá ajudar você.

Para Conseguir Emprego por meio do Orixá Xangô

Xangô é o Senhor da Justiça. É um rei soberano e justo e, por isso, não suporta qualquer injustiça ou erros. Esta magia vai ajudar você a pedir um emprego, mas lembre-se: o emprego vai ser de acordo com as suas qualificações e experiências.

Materiais:

1 folha de papel;
1 lápis;
1 prato grande de barro (pode ser oberó,

conhecido como alguidar, que é vendido em casas de artigos religiosos);
1 pedra que caiba no prato;
1 chave velha (encontra-se em casas de antiguidades, ou pode ser uma que você não usa mais);
12 velas marrons;
12 moedas cobres;
12 búzios;
2 cervejas pretas;
Copo virgem para servir a cerveja;
Incenso de canela, cravo ou noz-moscada.

Ritual:

Comece este ritual em uma quarta-feira de Lua Crescente ou Cheia. Escreva a lápis, no papel, seu nome completo, data de nascimento, o emprego que deseja arrumar dentro das suas qualificações e, se deseja algo novo, escreva:

"Que eu esteja preparado para assumir essa nova responsabilidade para eu conseguir o emprego em questão".

Vá até um local tranquilo da sua casa, um canto limpo e sossegado. Pegue o incenso e passe nesse local, pedindo que a fumaça dele retire toda e qualquer energia negativa que possa atrapalhar seu ritual.

Lave o prato de barro, seque-o e coloque o papel nele e, por cima, ponha a pedra, depois, coloque a chave em cima da pedra e, em volta dela, as 12 moedas e os 12 búzios.

Abra a garrafa de cerveja e sirva-a no copo. Pegue a vela, acenda em cima da pedra, com a chave perto e diga:

"Meu Pai Xangô, clamo e peço por misericórdia, proteção e por sua intercessão junto a Deus para que a chave do seu poder abra portas, porteiras e entradas para que eu possa trabalhar, para eu arrumar um emprego digno. Assim seja! OXÉ KAÔ! KAÔ KABIESILÊ! MODUPÉ BABÁ XANGÔ! MOTUMBÁ! AXÉ”.

Faça este ritual por 12 dias seguidos, sempre no mesmo horário, acendendo uma vela nova por dia e trocando a cerveja do copo (a cerveja antiga pode ser jogada na pia).

Quando conseguir a realização do seu pedido, guarde esta firmeza com você para sua própria estabilidade e segurança.

Ritual para não Ser "Gastão"

Este ritual serve para que você economize mais dinheiro que entra na sua mão, e evita que você o gaste à toa.

Materiais:

Folhas de papel branco;
2 moedas de 1 real;
1 tesoura;
Lápis.

Ritual:

Com o lápis, faça na folha de papel os contornos das suas mãos (a mão direita e a mão esquerda), recorte com uma tesoura e coloque as moedas na palma das mãos desenhadas. Dobre as mãos recortadas e as guarde na gaveta de roupas íntimas, dobre de um jeito que as moedas não caiam.

Enquanto você tiver este amuleto na sua gaveta, saberá economizar e poupar seu dinheiro.

Magia Cigana para Segurar Seu Emprego

Hoje em dia, não é muito fácil arrumar um emprego e, mais difícil ainda, é estar trabalhando em um de que você realmente gosta. Caso queria segurar seu emprego e não entrar no corte da empresa, faça esta magia.

Materiais:

1 pirâmide de cristal;
21 folhas de louro;
21 moedas correntes (lavadas e secas);
1 incenso de eucalipto;
1 tacho pequeno de cobre ou metal.

Ritual:

Lave o tacho com água corrente e, em seguida, com água açucarada. Incense-o com o incenso de eucalipto. Coloque as folhas de louro no sentido horário dentro do tacho.

Por cima das folhas, ponha também no sentido horário as moedas e, no meio, fixe a pirâmide, dizendo o seguinte:

"Aqui está a minha segurança e o meu equilíbrio dentro do meu emprego".

Deixe no local de trabalho, tendo o cuidado de trocar de 12 em 12 meses. Ao trocar, lave o tacho de novo, seguindo toda a orientação descrita anteriormente. Troque as folhas de louro e deixe-as aos pés de uma árvore bem bonita, sem espinhos.

Esta magia deve ser feita na Lua Crescente.

Observação: caso não tenha como deixar no seu trabalho o tacho, escreva a lápis seu nome completo, o nome da empresa e o endereço; em seguida, dobre o papel e o coloque dentro do tacho, arrume os elementos dentro dele e deixe em um local mais alto que sua cabeça ou, se tiver altar em sua casa, deixe o tacho no altar.

O ritual é o mesmo para a renovação, e o papel antigo deve ser queimado e suas cinzas devem ser jogadas na mesma árvore em que você irá entregar as folhas de louro.

Eu costumo acender uma vela azul-clara para Santa Sara Kali antes de fazer esta magia, agradecendo-lhe pela força, pelo amparo e pela proteção na magia em questão.

Óleo Mágico do Sol

Este óleo poderoso carrega a energia benéfica do Sol e deve ser utilizado para atrair brilho, autoestima, positividade, luz, sucesso e bons acontecimentos. Ele tem o poder de afastar as trevas da sua vida.

Deve ser preparado no domingo, de preferência às 6 ou às 13 horas.

Materiais:

1 vidro pequeno com tampa;
1 punhado de casca de bergamota ou laranja;
1 punhado de camomila;
1 punhado de canela em pau;
1 punhado de pétalas de girassol ou rosa

amarela;
1 vela comum amarela ou dourada;
Óleo de girassol.

Ritual:

Acenda a vela no período descrito anteriormente, invoque a energia poderosa do Sol e coloque as ervas no óleo base (nesse caso, é o de girassol). Quando colocar tudo dentro do vidrinho, role-o entre suas mãos e faça seus pedidos para que esse óleo seja consagrado na energia positiva do Sol. Deixe-o ao lado da vela (mas não muito perto) e, quando a vela apagar, deixe esse o vidrinho exposto ao Sol por sete dias, não sem tomar chuva. Não precisa ser sete dias seguidos, pois o tempo pode fechar, etc. Só tenho o cuidado de deixá-lo tomar Sol por sete dias antes do seu uso.

Esse óleo pode ser usado em objetos, amuletos, velas e algumas gotas dentro do sapato, para que a energia do Sol faça parte de você.

Observação: a quantidade de ervas que você irá colocar é o tanto que cabe na palma da sua mão, aquele tantinho. Os magos e as feiticeiras costumam dizer que é o tanto da alma ou do coração, e eu sempre uso minha mão esquerda para medir as ervas.

Logicamente, se eu for fazer um litro de óleo, utilizo mais quantidades de ervas, é uma questão de bom senso e adaptação.

Magia para Oxum Pedindo por Dinheiro

Orixá do ouro, do amor, da beleza e da riqueza. Oxum é a Senhora de tudo o que é belo e próspero. Esta magia, quando feita com fé, traz a resposta sobre o dinheiro em questão em até oito dias.

Materiais:

8 ovos;
8 quindins;
8 rosas amarelas;
1 travessa de louça branca;
8 moedas correntes douradas (lavadas e secas);
8 velas brancas;

Azeite de oliva;
Mel.

Ritual:

Separe as gemas das claras (as claras, você pode jogar no pé de uma árvore e ofereça-as a Exu). Coloque as gemas com cuidado em uma travessa de louça branca para não estourar, passe as moedas no azeite de oliva e coloque-as com cuidado em cima das gemas. Enfeite com as rosas, com os quindins, e pingue uma gota de mel em cada gema, quindim e em cada rosa.

Vá até uma cachoeira e acenda as velas em volta, com cuidado para não causar incêndio na Natureza, e faça seus pedidos o Oxum.

Esta magia deve ser feita até 9 horas da manhã.

Patuá de Prosperidade

Este patuá irá lhe trazer sorte, ajudar a aumentar o fluxo financeiro e proteger seu dinheiro. Vai criar ao seu redor uma aura próspera e iluminada que vai atrair mais oportunidades em sua vida.

Materiais:

1 folha de papel pardo;
1 lápis;
1 saquinho de pano verde (você pode fazer ou comprar um já pronto, geralmente se faz em tamanho 10 x 10 cm);
1 moeda de maior valor;
1 pedaço de ímã pequeno;

1 pedacinho de canela em pau;
1 folha de louro pequena;
1 punhadinho de tomilho;
1 punhadinho de cravo-da-índia;
1 punhadinho de feno-grego;
1 noz-moscada ralada;
1 pedra pirita;
Salmo 23;
Agulha e linha verde;
Óleo essencial de canela ou seu perfume;
1 vela verde.

Ritual:

Escreva à mão e com um lápis o Salmo 23 no papel pardo. Embaixo do salmo escreva seu nome completo e sua data de nascimento, dobre o papel sete vezes, sempre em sua direção. Faça um saquinho com o pano e coloque o salmo dentro e todos os elementos (sempre que for colocando os elementos, vá fazendo seus pedidos).

Feche o saquinho, costurando-o. Pingue sete gotas do óleo essencial de canela ou seu perfume no saquinho. Acenda a vela verde ao lado e reze o Salmo 23; ofereça a Deus e para toda sua Espiritualidade e diga que, a partir daquele momento, esse patuá será um ímã atrator de prosperidade, sucesso, fartura, dinheiro, progresso e realizações na sua vida.

Deixe ao lado da vela, mas com cuidado para não queimar o patuá. Depois que a vela queimar por inteira, guarde esse patuá na sua bolsa e não deixe ninguém o tocar. De sete em sete dias, pingue uma gota de canela ou seu perfume nele.

Banho para Dinheiro e Prosperidade

Materiais:

3 litros de água;
3 canelas em pau;
3 folhas de louro;
3 punhadinhos de cravo-da-índia;
3 punhadinhos de camomila;
1 noz-moscada;
3 punhados de açúcar mascavo;
3 punhados de tomilho;
1 rosa amarela;
1 pedra citrino;
3 grãos de café;

Salmo 23 escrito a lápis;
1 vela verde de 7 dias;
1 colher de pau;
1 panela.

Ritual:

Coloque os três litros de água para ferver em uma panela e, quando levantar fervura, desligue o fogo e ponha todos os elementos na água. Com uma colher de pau, vá mexendo o banho no sentido horário e fazendo seus pedidos (se não tiver a colher de pau, use um palito de churrasco ou algo de madeira).

Deixe amornar e coe; você deve colocar as ervas em um vaso de planta ou entregar na Natureza.

Tome seu banho normalmente e jogue este banho do pescoço para baixo (caso se sinta à vontade, pode jogar da cabeça para baixo). Deixe o corpo secar naturalmente e vista uma roupa clara. Logo em seguida, acenda uma vela verde de sete dias, e ofereça para Deus e para toda a sua Espiritualidade, agradecendo por manifestar a prosperidade e o dinheiro na sua vida.

Faça este banho antes de dormir.

Pó para Atrair Dinheiro

Este é um pó muito poderoso e que, com toda certeza, vai transformar sua vida financeira. Deve ser feito em uma Lua Crescente ou Cheia e, de preferência, em uma quinta-feira, às 6, 13 ou às 20 horas.

Este pó pode ser salpicado em sua carteira, bolsa, passar em uma vela da base para o pavio para atração de dinheiro, etc.

Pode passar nas mãos antes de fazer jogos de azar, antes de receber seu salário, para fazer bons negócios, realizar boas vendas ou mesmo assoprar dentro de casa, do lado de fora para dentro.

Materiais:

1 colher de café de canela em pó;
1 colher de café de cravo-da-índia em pó;
1 colher de café de louro em pó;
1 colher de café de açafrão em pó;
1 colher de café de camomila em pó;
1 colher de café de noz-moscada em pó;
1 colher de café de tomilho em pó;
1 colher de café pó de arroz;
1 potinho de vidro com tampa;
1 vela branca, 1 amarela, 1 verde, 1 laranja e 1 roxa;
1 colher de fermento de bolo (opcional).

Ritual:

Misture todos os pós dentro do pote e vá fazendo seus pedidos.

Firme as velas ao redor do pote (destampado) e nesta ordem: branca, amarela, verde, laranja e roxa. Acenda as velas e faça uma oração, pedindo a Deus e a toda a Criação

Divina que imantem, consagrem e magnetizem e elementalize nesse pó todo o poder de prosperidade, atração, sucesso, fartura, progresso, poder, realização, dinheiro, boa sorte e fortuna. Faça-o se tornar um portal: onde esse pó tocar, que ele abra um portal de prosperidade infinita e abundante na sua vida (na casa, comércio, etc.).

Deixe as velas queimarem até o fim. Depois de queimadas, tampe o pote e use o pó sempre que necessário.

Com toda a certeza, sua vida financeira e profissional vai melhorar grandemente.

Parte 3

Rituais de Proteção, Banimento e Anulação de Energias Negativas

O que Você Deve Ter em Mente ao Fazer Rituais de Proteção?

Os rituais sempre foram usados para proteger nossa vida, um local, algum bem material, nosso corpo, nosso espírito ou aquilo que focamos em nossa mente. Mas saiba que os rituais de proteção, de banimento, só têm poder se você estiver com a mente ciente daquilo que está fazendo, e tendo pensamentos positivos em relação ao mundo e a você mesmo. Sabemos que não é fácil, mas temos que tentar ao máximo.

Vamos dar um exemplo: você vive fazendo um ritual para afastar a inveja, mas a sente em demasia, quer afastar e banir algum espírito negativo da sua vida, mas vive reclamando e sendo pessimista. Como um ritual vai surtir o efeito desejado se a sua parte como mistério humano não foi feita?

Deixo bem claro aqui: ao se lançar um feitiço de proteção, banimento e anulação do mal, é de suma importância que você confie no seu feitiço, na sua magia ou ritual, e evite colocar em dúvida aquilo em que você empregou tempo, energia e também gasto com materiais. Por isso acredite em você, em Deus e na sua Espiritualidade que, com toda a certeza, mal nenhum se aproximará de você, da sua casa ou de quem mais nomear e direcionar a magia protetora ou de banimento.

Lembrete: lidar com energias negativas, desfazer feitiços negativos, banir espíritos malignos não são trabalhos fáceis nem devem ser feitos por pessoas que não se sentem preparadas. Por isso é tão importante estar em conexão com Deus e com sua Espiritualidade, e eles serão uma fonte de poder mágico para seus feitiços e rituais, irão apoiá-lo(a) o quanto for necessário para que você se liberte dessas energias negativas.

Não tenha medo de se proteger e não permita que a energia negativa faça parte da sua vida.

Os rituais neste livro irão ajudar você a banir, se proteger, proteger pessoas, locais, objetos e anular as negatividades da sua vida e de quem mais você quiser; use-os com fé e sabedoria.

Magia para Reverter o Mal

Materiais:

1 espelho redondo de qualquer tamanho (virgem);
1 vela branca;
1 vela azul-escura;
1 vela vermelha;
1 vela preta;
Sal grosso;
Vinagre de maçã;
Fita adesiva preta;
Salmo 91 escrito com lápis à mão, em uma folha de papel pardo (pode ser papel de embalagem para pão).

Ritual:

Lave o espelho com água e vinagre para retirar qualquer energia negativa que possa existir nele. Quando estiver lavando, mentalize que o está limpando física e espiritualmente. Seque o espelho. Escreva o Salmo 91 na folha de papel pardo e cole atrás do espelho com uma fita adesiva preta (pode dobrar o papel em sua direção, dobre sempre em número ímpar: 1, 3, 5 ou 7).

Ao redor do espelho, faça um círculo de sal grosso e posicione as velas nesta ordem: branca, azul-escura, preta e vermelha. Acenda as velas e diga:

"Em nome de Deus Pai/Mãe e de toda a espiritualidade que me protege e me acompanha, eu ofereço as chamas destas velas para minha coroa divina e peço que imantem este espelho para que ele se torne um amuleto para banir o mal para sua fonte de origem, proteger de toda e qualquer negatividade e que ele ofusque a visão de meus inimigos espirituais e materiais, para que eles não me vejam. Amém".

Fique uns minutos em frente à magia fazendo seus pedidos. Quando as velas queimarem, recolha o sal grosso e jogue na terra, as sobras das velas podem ser jogadas no lixo comum.

Escolha um local para colocar o espelho, de preferência, de frente para sua porta de entrada.

Você pode refazer a magia de três em três meses, não precisa escrever o salmo, mas faça o ritual das velas com o sal grosso.

Pedra Protetora

Materiais:

1 pedra encontrada em uma rua que mais chamar sua atenção;
1 vela branca;
Azeite de oliva abençoado;
1 incenso de limpeza: arruda, eucalipto, sálvia, palo santo, etc.
1 copo com água, de preferência de chuva ou filtrada.

Ritual:

Antes de tudo, abra o azeite de oliva, posicione suas duas mãos sobre ele e reze o Salmo 23.

Pronto! Agora você tem um azeite abençoado.

Use-o para temperar saladas, usar em suas refeições, e também em rituais de bênção e proteção.

Lave a pedra com água e seque. Com o azeite, desenhe sobre a pedra um pentagrama e a coloque no chão. Em forma de triângulo, coloque os elementos nesta ordem: a vela na ponta de cima, o incenso na ponta direita e o copo com água na ponta esquerda. Acenda a vela e diga:

"Em nome de Deus Pai/Mãe, eu conjuro esta vela, para que ela imante esta pedra com os poderes do fogo, e ela tenha o poder de anular, queimar e afastar o mal da minha vida. Amém".

Acenda o incenso e diga:

"Em nome de Deus Pai/Mãe, eu conjuro este incenso, para que ele imante esta pedra com os poderes do ar, e ela tenha o poder de desativar, desfazer e retirar o mal da minha vida. Amém".

Toque a água com a ponta da sua mão dominadora (mão que você escreve) e diga:

“Em nome de Deus Pai/Mãe, eu conjuro este copo com água, para que imante esta pedra com os poderes da água, e ela tenha o poder de limpar, purificar e me libertar de todo mal. Amém”.

Olhando para a pedra diga:

“Em nome de Deus Pai/Mãe, eu conjuro esta pedra, para que ela seja imantada com os poderes da terra, e tenha o poder de aterrar, diminuir e quebrar todo mal enviado contra mim. Amém”.

Passe a pedra na chama da vela, na fumaça do incenso e molhe-a no copo com água. Deposite novamente no centro do triângulo e diga:

“Pelo poder de Deus Pai/Mãe, de toda a energia divina da criação, de toda a minha coroa divina e pelo poder do pentagrama, que foi desenhado sobre esta pedra, eu conjuro e a batizo com o nome de (dê um nome para esta pedra), e que você se torne agora um amuleto, que irá me proteger de todo mal espiritual, material, visual, verbal, mental, autogerado por mim mesmo ou enviado contra mim, seja vindo de seres encarnados ou desencarnados, ocultos ou declarados. Que sua imantação e magnetização sejam integrais e que elementalizem em você a força das divindades protetoras e dos quatro elementos. Amém".

Faça sete cruzes em cima da pedra com a mão direita, e deixe a vela e o incenso acabarem de queimar. Quando isso acontecer, assopre as cinzas do incenso no vento, coloque a água em um vaso de planta e enterre a sobra da vela em um vaso que tiver na sua casa ou em um jardim.

Sempre carregue a pedra com você e não deixe ninguém vê-la ou tocá-la. Uma vez por semana, pingue uma gota do azeite de oliva abençoado nela e a esfregue, chamando pelo nome que você deu para ela.

Sempre converse com ela, chamando-a pelo nome que você a batizou.

Ritual para Reivindicar Sua Posse sobre um Local ou Objeto

Este ritual consiste em deixar claro que aquele local agora lhe pertence: uma casa nova, uma sala nova que você alugou, um carro que você tenha comprado, enfim, algo que você adquiriu.

Muitas vezes, os lugares ou objetos ficam impregnados com as energias de outras pessoas. É muito comum também que os espíritos, elementais ou entidades se sintam donas do local e não abrem mão dele por alguma ligação de herança ou mesmo por gostarem do lugar. Assim, acabam atrapalhando e gerando energias densas sobre quem está no local ou com o objeto.

Com este feitiço, esta situação vai ser mudada.

Vamos ao ritual.

Materiais:

1 vela violeta;
1 copo com água.

Ritual:

Pegue a vela violeta, eleve acima da sua cabeça e diga:

"Deus, em sua infinita bondade e misericórdia, eu clamo que imante nesta vela suas irradiações divinas e que ela tenha o poder de retirar deste local, ou deste objeto, qualquer impressão psíquica negativa, mental, espiritual que estiver neste recinto (ou neste objeto). Peço também que a luz dessa vela ilumine qualquer espírito, elemental ou entidade que se sente dona deste lugar e a faça entender que seu mundo não é mais o físico, que ela deixe este local em paz e não venha mais atrapalhar ninguém. Amém".

Firme a vela dentro do copo e acrescente água até a metade do copo; acenda a vela e diga:

"Pelo poder de Deus Pai/Mãe, de toda a energia divina da criação, de toda a minha coroa divina, dos meus guardiões e guardiões divinos deste local, eu conjuro e ativo esta vela com esta água para que ela afaste todo o mal que estiver neste lugar ou neste objeto. De agora em diante, eu tomo posse deste local e como dono(a) vitalício desta casa (ou objeto: diga o nome do objeto, pode ser moto, carro, etc.), sacralizo, abençoo, positivo e a(o) equilibro por meio de Deus, de toda a criação divina e da minha espiritualidade,. Com a força dos meus guardiões e guardiões divinos deste local, quero que a paz e a harmonia sejam constantes entre nós. Amém".

Percorra todos os cômodos da casa com esta vela e a coloque no meio da sala. Quando a vela chegar à altura da água, ela se apagará. Quando isso acontecer, jogue essa água no portão da rua; se for apartamento, jogue no vaso sanitário e dê descarga.

Guarde essa vela com você e com cuidado para não quebrar. Todas as vezes em que sentir que sua casa está carregada, acenda a vela e percorra a residência com ela rezando uma oração de coração ou o Salmo 23, em seguida, a apague novamente.

Se for um objeto, percorra-o no sentido anti-horário sete vezes e depois, no sentido horário, por sete vezes com a vela acesa. Com cuidado, deixe a vela no copo ao lado do objeto (cuidado para não causar incêndio). Quando ela apagar, guarde e use como descrito anteriormente.

Esta magia é mais utilizada para objetos grandes.

Para Purificar e Manter um Ambiente Longe de Energias Negativas

Materiais:

1 limão;
Sal grosso;
21 cravos-da-índia;
1 pires.

Ritual:

Corte o limão em cruz, porém, não o separe. Pegue o sal grosso e misture com o cravo, coloque um pouco dentro do pires, ponha o limão em cima e o restante do sal com o cravo coloque dentro do limão. Neste momento, conjure estes elementos para que eles tenham o poder de purificar o ambiente e que mantenham as energias negativas longe.

Deixe este encantamento no ambiente e refaça de sete em sete dias. As sobras antigas devem ser jogadas em uma sacola e colocadas em um lixo longe de sua casa.

Vaso Protetor Supremo

Este vaso é o famoso vaso de sete ervas, tão conhecido e visto na porta de muitos brasileiros. Por questão ornamental ou não, ele realmente protege sua casa. Mas existe uma versão mais poderosa que permite que sua atuação ocorra de uma forma mais eficiente e certeira.

Você já pode comprar o vaso com as ervas ou, se preferir, como eu faço, compre as mudas e plante você. Desse modo, além de colocar sua energia, irá também conversar com os elementos dentro dele. Vamos aos materiais.

Materiais:

1 muda de cada planta: arruda, alecrim, comigo-ninguém-pode, espada-de-são-jorge, guiné, pimenta e manjericão;
7 moedas correntes de maior valor;
7 pedras britas (pedras de construção);
7 folhas de eucalipto;
7 folhas de louro;
7 punhados de pimenta-do-reino;
7 punhados de terra de encruzilhada. Antes de pegar a terra, pague o dono dela, jogando três moedas e pedindo licença para recolher os sete punhadinhos de terra;
7 pregos, de preferência enferrujados;
1 espelho pequeno redondo;
1 vaso do seu agrado;
1 vela de 7 dias de 7 cores (conhecida como vela das 7 linhas); se não achar, pode ser a branca comum;
Terra para plantar as ervas.

Ritual:

Primeiramente, se você comprou o vaso já com as plantas, vai ter que tirá-las dele, com muito cuidado, pois esse vaso será montado.

No vaso escolhido, coloque um pouco de terra no fundo e insira os elementos nesta ordem, distribuídos em círculo: os punhados da terra de encruzilhada, a pimenta-do-reino, as folhas de eucalipto, as folhas de louro, os pregos, as britas, as moedas e, no centro de tudo isso, coloque o espelho com a face refletora para cima. Neste momento, posicione as duas mãos voltadas para esses elementos e diga:

"Pelo poder de Deus e de todas as suas Divindades, energéticas, universais, cósmicas e elementais, senhores regentes e guardiões do lado magístico destes elementos, eu os conjuro e os ativo, para elementalizarem em si as irradiações das divindades, e que se tornem poderosos em suas atuações de proteger o local onde estiverem, dando o amparo divino e o suporte para as plantas que serão colocadas neste vaso. Amém".

Forre com uma camada de terra por cima, coloque as plantas e termine de encher o vaso com terra. Quando o vaso estiver pronto, acenda ao lado dele, com cuidado, a vela de sete dias e diga:

"Deus, em sua onisciência e onipotência divina, eu clamo por seu amparo neste ritual e peço que as sagradas divindades que estão sob sua atuação divina comecem a atuar neste vaso, imantando-o, tanto no seu nível físico, como no nível espiritual/energético de cada elemento nele colocado, para que ele se torne um protetor contra todas as forças negativas, espirituais ou materiais, verbais ou mentais que forem enviadas ao local em que ele estiver; que ele tenha o poder de desativar, anular, descarregar, desfazer, descruzar e afastar toda e qualquer negatividade, autogerada por mim mesmo ou enviada contra o lugar; que ele crie ao redor do local onde está um campo eletromagnético de energia positiva que irá anular a energia negativa; e que ele também irradie saúde, amor, prosperidade, paz, harmonia e felicidade. Amém".

Deixe a vela queimando ao lado do vaso e, quando ela queimar por inteira, coloque esse vaso no local de sua escolha.

De sete em sete meses refaça a oração com uma vela acesa, de sete dias.

Algumas plantas poderão secar, murchar ou morrer antes dos sete meses, deixe-as como estão e, quando for refazer o ritual, replante as que não estão mais no vaso.

Carvão para Proteção do Carro

Este ritual foi ensinado pelo Senhor Exu Lonam, o qual tenho a honra de tê-lo em meu campo mediúnico. Ao ensinar o consulente em questão, ele disse que este feitiço tem como objetivo proteger o carro contra roubo, acidentes e perigos. Mas o lembrou de que não é porque existe uma proteção espiritual que poderia abusar da sorte.

Materiais:

1 pedaço de carvão, não precisa ser grande;
7 velas pretas;

1 alguidar pequeno;

1 pouco de cachaça.

Ritual:

Coloque dentro do alguidar o carvão e sobre ele derrame um pouco de cachaça.

Posicione as velas pretas ao redor do alguidar, em forma de círculo, acenda as velas e depois diga:

"Em nome de Deus Pai/Mãe, de toda a criação divina, do Orixá Exu e de todos os Exus, saúdo as forças dos meus guardiões; peço que imantem e magnetizem este carvão, para que ele se torne um amuleto protetor contra acidentes, roubos, batidas, discussões, perigos e qualquer negatividade que estiver no meu carro e, também, quando eu estiver dirigindo ou no trânsito com ele. Peço que Exu abra meus caminhos para que eu possa ir e voltar em paz, com segurança e tranquilidade por onde eu passar. Laroyê Exu! Exu é Mojubá! Axé".

Deixe as velas queimarem até o fim e, quando isso acontecer, guarde o carvão embaixo do banco do condutor ou ao lado dele dentro do carro. Quando for pedir para limpar o automóvel, tenha o cuidado de retirar o carvão de lá e depois o recoloque no lugar de antes. Refaça este feitiço anualmente.

Fitas Protetoras

Este ritual é para ser colocado atrás da porta de entrada e evitar que o mal entre por ela. Se uma pessoa negativa ou que quer seu mal entrar pela porta, é bem provável que a fita cairá, portanto, fique de olho: quando isso acontecer, você deverá queimar as fitas e refazer o feitiço.

Materiais:

30 cm de fita, sendo uma de cada cor: branca, vermelha e preta;
Arruda;
Guiné;
Alecrim;
1 vela de cada cor da fita: branca, vermelha e preta.

Ritual:

Faça um chá bem forte com as ervas: ferva 300 ml de água, desligue o fogo e acrescente as ervas, clamando para que suas propriedades mágicas fiquem impregnadas na água. Coloque as fitas dentro da água e as deixe lá por, pelo menos, três horas. Depois disso, tire as fitas e espere que sequem naturalmente.

Com as fitas já secas, comece a trançá-las dizendo:

"Fitas em água mágica banhada,
Amuleto trançado pela minha vontade;
Para que a energia negativa seja anulada
E não me perturbe por toda a eternidade.
O mal para longe irá afastar,
Para a paz na minha vida reinar".

Repita esta conjuração por três vezes, mesmo que já tenha terminado a trança.

Acenda as velas em triângulo no chão e nesta ordem: na ponta de cima, a branca; ponta abaixo, à direita, vela vermelha; e na ponta esquerda, a vela preta. Coloque as fitas trançadas com cuidado, para não queimar, no meio do triângulo de velas, e faça uma oração conforme seu coração mandar; peça que Deus e toda a sua espiritualidade façam dessas fitas uma armadilha que vai amarrar, prender o mal e enviá-lo ao seu lugar de merecimento. Deixe as velas queimarem por inteiro, pegue as fitas nas mãos e refaça seus pedidos. Coloque essa trança de fitas atrás da porta de entrada e fique de olho nela, pois ela irá cair, desmanchar ou se romper quando o mal estiver se aproximando de você. Neste momento você deve queimá-la e jogar as sobras no lixo longe de sua casa. Tome um banho de limpeza e refaça outra rapidamente.

As pontas da trança podem ser queimadas e grudadas com um isqueiro para que elas fiquem unidas.

Aproveite e tome um banho com o chá de ervas, descrito neste ritual.

Óleo de Proteção

Utilize este óleo para passar em batentes de portas, janelas e objetos de valor. Passe este óleo em um amuleto ou objeto para lhe trazer proteção e, também, para selar um local contra a energia negativa.

Materiais:

Arruda;
Eucalipto;
Alho;
Alecrim;
Jurema-preta;
Hissopo;
Guiné;
1 garrafa;
Óleo mineral.

Ritual:

Conjure as ervas uma por uma e vá colocando dentro de uma garrafa (o tamanho é você que decide, para o tanto de óleo que deseja fazer).

Adicione o óleo mineral dentro da garrafa e tampe. Segure o vidro em suas mãos e conjure para que este óleo tenha o poder de proteger, afastar todo e qualquer mal que possa ser enviado contra você ou sua casa, etc.

Está pronto!

Guarde este óleo em local escuro e o utilize sempre que precisar.

Banho de Defesa

Materiais:

Arruda;
Guiné;
Espada-de-são-jorge;
Alecrim;
Manjericão;
Alecrim;
Alfazema;
2 litros de água;
1 panela.

Ritual:

Coloque dois litros de água para ferver e, assim que levantar fervura, desligue o fogo. Coloque as ervas no banho, conjurando-as a fim de que tragam sua energia mágica de defesa, banimento, afastamento e desativação de todo mal para o banho.

Deixe o banho ficar em temperatura confortável para seu corpo e coe. Depois do seu banho comum, molhe as mãos com um pouco desse banho e molhe a cabeça, deixando os cabelos úmidos, não a ponto de ficar pingando. O restante jogue do pescoço para baixo, respire profundamente sete vezes e deixe o corpo secar naturalmente.

Vista roupas claras e, se for possível, acenda uma vela branca de sete dias e ofereça para sua espiritualidade.

Deposite o restante das ervas em um jardim ou vaso de plantas.

Salmo Protetor

Uma forma fácil e rápida de trazer proteção para sua casa e familiares que moram nela é fazer um salmo protetor.

Materiais:

Lápis;
Papel pardo (pode ser papel de pacote para pão);
Bíblia.

Ritual:

Pegue a folha de papel pardo, molhe a ponta do lápis com sua saliva e escreva seu nome e, em ordem do mais velho para o mais novo, o nome de todos os habitantes da casa.

Vire a folha no sentido horário, novamente molhe a ponta do lápis com sua saliva e escreva o Salmo 91 nela. Isso irá formar uma cruz (siga o exemplo da magia para esquentar a relação amorosa e sexual), em que os nomes ficarão por baixo do salmo.

Pegue este salmo e prenda atrás de um quadro que esteja em sua casa, pode ser qualquer um, o importante é que ele fique invisível de olhos curiosos.

Deixo-o lá e, sempre que passar perto do quadro, agradeça a Deus pela sua proteção e a dos seus familiares.

Garrafa da Bruxa

Materiais:

1 vidro ou garrafa de qualquer tamanho com tampa;
7 pregos, de preferência enferrujados;
7 agulhas;
Vários pedaços de linhas de todas as cores;
Pedaços de espelho quebrados;
Pedaços de vidros quebrados;
Urina ou amônia;
Um punhado de poeira do local a ser protegido;

Um punhado de sal grosso;
1 vela preta para selar a garrafa;
1 vela branca comum.

Ritual:

Antes de tudo, recolha um pouco da primeira urina da manhã em total silêncio e sem ter conversado com ninguém, não precisa ser muito.

Em um local tranquilo e com todos os objetos em mãos, comece o ritual. Se puder, passe um incenso no local para retirar dele as energias negativas que possam estar presentes ali, acenda a vela branca e conjure a Deus, à sua espiritualidade e a seus ancestrais para que ela traga proteção para este ambiente e força mágica para este feitiço.

No que se refere às linhas, você pode comprar vários carretéis de diversas cores e ir cortando em pedaços para que elas fiquem emaranhadas dentro da garrafa; quanto mais emaranhado ficar, melhor será.

Abra a garrafa e coloque os itens um a um, conjurando-os para que tornem aquela garrafa uma protetora natural de todo mal, que venha a confundir os inimigos, que os afaste de sua vida e assim por diante.

Por último, coloque a urina dentro e feche a garrafa, sele-a com a vela preta.

Segure a garrafa nas mãos e diga:

"Eu a conjuro, garrafa da bruxa, para você banir o mal, confundir os inimigos, desfazer qualquer negatividade, proteger o local onde você estiver, afastar espíritos indesejados e anular todo desejo de maldade lançado contra mim. Em nome de Deus, da minha espiritualidade e dos meus ancestrais. Amém".

Enterre esta garrafa em um vaso de planta ou no seu quintal, pode ser em qualquer planta.

Esta magia é muito poderosa e ela deve ser refeita uma vez ao ano. Por isso, deixe anotado em algum local o dia em que ela foi criada.

Lavagem de Chão para Limpar a Casa de Energia Negativa

Esta mistura vai afastar de vez da sua casa qualquer energia negativa, espíritos indesejados e vai banir o mal para bem longe.

Materiais:

Alecrim;
Erva-cidreira;
Hissopo;
Hortelã;
Eucalipto;
Sálvia;

Sal grosso;
Pano de chão, usado só para este fim;
Água;
Panela;
Balde, usado só para fins de lavagem de chão.

Ritual:

Você tanto pode ferver a água, depositar as ervas e o sal no recipiente e desligar o fogo, como quiná-las diretamente no balde, o importante é: converse com as ervas, conjure-as para que elas liberem seus poderes mágicos na água.

Coe as ervas e use essa água para limpar o ambiente.

O pano deve ser passado bem úmido mesmo, para que o chão fique impregnado pelo líquido.

Como é para a higienização, a limpeza deve começar do fundo para a frente da casa, a fim de banir toda a negatividade.

Faça uma limpeza comum antes na sua casa, limpe o chão como de costume, recolha o lixo e coloque perto do portão.

Agora, venha com a água de lavagem de chão e vá passando em todos os cômodos, mentalizando que as energias negativas estão saindo da sua casa e indo embora. Quando chegar até a porta de entrada, dê uma atenção especial para ela, passe o pano na porta. Ao chegar ao portão, jogue a água na rua.

Utilize o pano e o balde somente para este fim.

Depois deste ato, o tradicional é acender uma vela branca para iluminar e abençoar a casa e, caso deseje, repita este ritual por sete ou nove dias.

***Spray* para Banir o Mal, as Negatividades e Trazer Harmonia**

Este é um modo rápido e fácil de obter uma limpeza energética.

Materiais:

1 litro de álcool de cereais;
Arruda;
Eucalipto;
Louro;
Alecrim;
Guiné;
Casca de limão;
Alfazema.

Ritual:

Coloque todas as ervas dentro do álcool de cereais, conjurando uma a uma. Quando chegar à alfazema, conjure-a para trazer também harmonia, união e felicidade para quem utilizar deste *spray*. Deixe-o descansar por, no mínimo, sete dias. Sempre que precisar, espirre acima da sua cabeça e passe embaixo do vapor que vai caindo; ou espirre no ambiente que precisa desta limpeza.

Sal da Bruxa ou Sal Negro

Este sal é conhecido por afastar e banir o mal do local onde é salpicado.

Materiais:

1 vidro com tampa;
Sal grosso moído;
Carvão moído;
Pimenta-do-reino em pó;
Arruda;
Sálvia;
Hissopo;
Eucalipto;
Alecrim;

Casca de alho;
Recipiente de metal;
Salmo 91 escrito a lápis em uma folha de papel pardo ou de pão.

Ritual:

Antes de tudo, se você tiver as cinzas de algum incenso de limpeza e que tenha guardado, essas cinzas podem e devem ser adicionadas neste sal.

Em um recipiente de metal, queime todas as ervas, o papel com o Salmo 91 e transforme tudo em cinzas, utilize um moedor ou pilão para deixar o mais fino possível.

Coloque no vidro: o sal, o carvão moído, as cinzas das ervas e do salmo (se tiver do incenso de limpeza, acrescente agora também). Posicione suas mãos em cima do pote e conjure:

"Eu o conjuro, sal negro, sal da bruxa, para você banir e afastar o mal, as negatividades espirituais e matérias, para purificar e limpar ambientes e pessoas, e potencializar feitiços de proteção. Assim é feito".

Tampe o vidro e guarde.

Este sal pode ser usado imediatamente depois de conjurado.

Como usar este sal:

- Coloque nos quatro cantos da casa;
- Leve sempre um pouquinho no seu bolso;
- Espalhe ao redor de algum objeto ou de algo que queira proteger e conjure fazendo seus pedidos.

Seja criativo ao utilizar este poderoso elemento. Este "sal" **NÃO** deve ser utilizado para alimentação.

Vela de Proteção com o Sal da Bruxa

Materiais:

1 vela vermelha;
Sal da bruxa;
Óleo de proteção, o mesmo ensinado neste livro;
1 prato ou algo em que possa firmar a vela.

Ritual:

Escreva na vela vermelha, da base para o pavio, o seu nome completo e a sua data de nascimento. Gire a vela para você e, do lado oposto, escreva a palavra proteção. Pingue umas gotas de óleo em sua mão e passe na vela também nesse sentido, da base para o pavio, conjurando-a para que traga proteção em todos os níveis da sua vida.

Firme essa vela em algum utensílio que seja resistente a fogo. Eu sempre uso algo de metal, como pratinhos de metal, tampinhas de metal, etc., a fim de evitar qualquer perigo de incêndio.

Ao redor da vela, faça um círculo com o sal da bruxa, conjurando-o para que lhe traga proteção. Acenda a vela e diga:

"Eu conjuro e ofereço a chama desta vela para toda a minha espiritualidade, para que por meio destes elementos aqui conjurados eu esteja protegido(a) de todo e qualquer mal, seja ele espiritual, seja material, oculto ou declarado, autogerado por mim mesmo ou enviado contra mim. Que ele seja banido, desfeito, desativado, anulado e retirado da minha vida. Em nome de Deus. Amém".

Deixe a vela queimar até o fim e, quando isso acontecer, coloque o resto do que sobrou em um saquinho de lixo e deixe-o em uma lixeira longe de sua casa.

Lave os utensílios com água e só use para esse fim.

Feitiço para Proteção Mental

Este feitiço é para proteger sua mente de energias negativas, pensamentos conturbados, invasões psíquicas e também para pessoas que estão sendo atacadas durante o sono.

Materiais:

1 vidro pequeno com tampa;
Lavanda;
Anis-estrelado;
Alecrim;
Sálvia;
Raiz de angélica;
Óleo de girassol;

2 velas de 7 dias, de cor azul-escura;
1 fita azul-escura de mais ou menos 2 dedos de largura;
Papel pardo com seu nome escrito e a sua data de nascimento.

Ritual:

Este feitiço é muito poderoso e é feito em duas partes; ele conta com a ajuda e a proteção dos Clãs dos Ciganos Guardiões.

Primeira Parte - Óleo Luz Mental

Pegue as ervas e vá conjurando uma a uma; coloque-as dentro do vidro; peça em nome de Dieula, Kristesko, de Santa Sara Kali e dos Ciganos Guardiões que as ervas liberem seus poderes mágicos, a fim de que venham a proteger seu mental contra qualquer intrusão negativa, seja de seres encarnados, seja de desencarnados, e que afastem todos os pensamentos conturbados e pessimistas.

Acrescente dentro do vidro o óleo de girassol, pegue a vela azul-escura, pingue sete gotas desse óleo em cima da vela e a acenda. Segure o vidro com o óleo em suas mãos; olhando para a vela e sentindo a energia fluir para o óleo, conjure:

"Eu conjuro e ofereço esta vela para Diuela, Kristesko, Santa Sara Kali e para o Clã dos Ciganos Guardiões para que imantem neste óleo todo o poder mágico e ativo destas ervas, que ele tenha o poder de proteger o mental de quem utilizar este óleo, protegendo de todo mal espiritual ou material, vindo de seres encarnados ou desencarnados, que afaste, anule e retire também as energias negativas autogeradas por quem estiver utilizando este óleo. Amém".

Deixe o óleo ao lado da vela por sete dias, até ela apagar.

Preste atenção: se a vela acabar antes de sete dias, acenda uma vela palito azul-escura diariamente, até completar os sete dias. Cuidado ao deixar o óleo ao lado da vela, não é para queimar nem esquentar muito o vidrinho. Depois de tudo, deixe sempre este óleo em local escuro.

Segunda Parte - Ritual

Vamos ao ritual: escreva o seu nome completo e a sua data de nascimento no papel pardo, pingue sete gotas do óleo Luz Mental em cima do papel e pingue, também, sete gotas em cima da vela de sete dias. Coloque a vela em cima do papel, acenda-a e diga:

"Eu conjuro e ofereço esta vela para Diuela, Kristesko, Santa Sara Kali e para o Clã dos Ciganos Guardiões, para que cortem todas as interferências negativas que estiverem no meu mental, autogeradas por mim mesmo(a) ou enviadas por fontes externas negativas. Amém".

Pegue a fita e passe um pouco do óleo nela e amarre-a na cabeça. Durma com ela por sete dias no mínimo e, no máximo, por nove dias.

Quando a vela acabar, queime o papel e jogue as cinzas em um vaso de planta ou deposite na terra.

Guarde a fita e use-a sempre que precisar. Mas lembre-se: sempre que utilizar a fita, passe o óleo nela e amarre na sua cabeça para dormir; ou use sempre que sentir que os seus pensamentos estão confusos e negativos.

Glossário

Alguidar: também conhecido como oberó, esta vasilha de barro se encontra em casas especializadas de artigos religiosos (Umbanda e Candomblé), e é utilizada em entregas e oferendas para os Orixás e para as Entidades.

Conjurar: é o ato mágico de determinar algo, dar uma ordem, afirmar, dar certeza para algo. Conjurar também é um meio de convocar algo. A conjuração pode ser interpretada como uma oração que tenha como base uma determinação, uma ordem, um pedido ou apelo, e é a etapa mais importante de um feitiço, magia ou encantamento.

Exemplo de conjuração: "Em nome do Pai, da Mãe, do Filho e do Espírito Santo, em nome de toda Energia Divina da Criação, em nome da minha Espiritualidade, de meus guias, protetores e pelo poder concedido a mim pelos meus Ancestrais eu conjuro... (pode ser uma vela, erva, pedra, feitiço, etc.), para que (diga o que você quer que o elemento ou feitiço faça por você). Assim conjurado em nome do Pai, da Mãe, do Filho e do Espírito Santo, em nome de toda Energia Divina da Criação, em nome da minha Espiritualidade, de meus guias e protetores e pelo poder concedido a mim pelos meus ancestrais. Assim seja. Amém".

Você pode fazer, ao mesmo tempo que conjura, o sinal da cruz com a sua mão direita sobre o objeto ou magia ou, se preferir, fique com as palmas das mãos viradas para a frente do objeto ou feitiço.

Farofa (padê): este alimento é uma oferenda típica de Exus e Pombagiras (nossos guardiões nos planos inferiores), e é feito da seguinte forma: pegue um pouco de farinha e coloque em uma tigela, em seguida, adicione um pouco de água, misture bem com as mãos evitando a formação de aglomerados. O resultado deve ser úmido, mas não muito úmido (encharcado). Quando você estiver fazendo este ato, faça seus pedidos a quem irá entregar este padê. A quantidade de farinha e água é com você, pois vai variar de acordo com a quantidade de farinha usada. Você pode usar este procedimento trocando a água por mel, água de coco, óleo de dendê ou fumo de corda. Portanto, você pode produzir uma ampla variedade de ofertas. Na hora de produzir a farofa de mandioca do fumo de corda, deve-se ralar o fumo com antecedência, para que se misture com a farinha.

Óleo base: é o óleo que será usado para fazer óleo de condição, que vai servir como base restante para os elementos. Os mais comuns, utilizados para servirem de base, são os de amêndoas, azeite de oliva (extravirgem), girassol e semente de uva.

Óleo de Condição ou Óleo Espiritual: esses óleos são feitos com ervas secas ou óleos essenciais, e são preparados para várias finalidades. Ao fazer um óleo de condição, é de extrema importância que se conjurem todos os itens que serão colocados nele. Dentro da tradição do Hoodoo, esses óleos são feitiços prontos em garrafinhas, quando utilizados para vestir a vela, a queima dela libera para o plano astral seus pedidos e intenções. Também é uma forma de fixar na parafina sua intenção e desejo por meio do óleo correto.

Neste livro você aprendeu a fazer alguns óleos de condição.

Patuá: também conhecido como Breve, é um amuleto (ou talismã) para ser carregado pelo seu dono. Feito com um pedaço de pano e elementos, ele serve para atrair o desejo da pessoa. Cada patuá carrega elementos para a intenção trabalhada.

Quinar ou Macerar: para esta ação, é comum usarmos basicamente ervas frescas.

Coloque em uma vasilha água e as ervas e, com as mãos, vá esfregando uma erva na outra até soltar seu sumo. A água vai ficando esverdeada, marrom, isso vai depender das ervas colocadas na água para ser quinadas.

Quine o quanto você puder, deixe sua intuição lhe dizer quando estiver na hora de parar. Cubra a vasilha com um pano branco e deixe descansando por uns 10 minutos. Coe e use conforme a indicação da magia ou ritual.

Vestir a vela: técnica utilizada em feitiços, magias e encantamentos, que usa os óleos de condição para trazer a energia e fixar o feitiço na vela. Vestir a vela é o ato de ungi-la com óleo de condição ou óleo espiritual, específico para o feitiço.

O modo correto de se vestir uma vela segue esta premissa: coloque umas gotinhas do óleo específico na sua mão, e se você quer atrair algo para sua vida e se for para positivar, deve vestir a vela da base para o pavio.

Se for para afastar algo, banir ou finalizar, deve-se vestir a vela do pavio para a base.

É muito importante ter isso em mente ao se vestir uma vela.

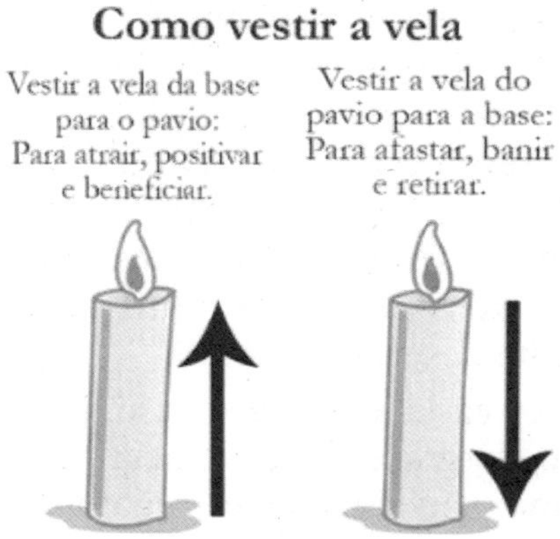

Ilha Deserta...

Chegamos ao fim deste livro e não poderia deixar de agradecer mais uma vez a você.

Eu sempre digo para todos os meus clientes, amigos e conhecidos: se as pessoas não fossem importantes em nossas vidas, Deus teria nos feito nascer em uma ilha deserta.

O seu carinho, o seu sorriso, o seu abraço são de grande importância para o seu próximo; não deixe de esbanjar afeto, gratidão e irmandade pelo outro.

Permita-se também ganhar carinho, amor e um abraço de quem você gosta.

A espiritualidade está o tempo todo ao nosso lado, nos ajudando, amparando e socorrendo. Receba o abraço deles também. Escute, com o seu coração e alma, o que eles têm para lhe dizer.

Leve esta frase para toda sua vida: Deus não vira as costas para nós, jamais. Somos nós que, muitas vezes, viramos as costas para Ele.

Gratidão eterna a você…

Um grande beijo...

Iverson Khamadèwa